길 없는 곳에서

2013년 5월 6일 제1판 제1쇄 발행
2013년 5월 13일 제1판 제2쇄 발행

지은이　　덕일
찍은이　　윤창호
엮은이　　윤선아
펴낸이　　강봉구

마케팅　　윤태성
디자인　　비단길
인쇄제본　　(주)아이엠피

펴낸곳　　작은숲출판사
등록번호　　제313-2010-244호
주소　　121-894 서울시 마포구 합정동 367-9
전화　　070-4067-8560
팩스　　0505-499-8560
홈페이지　　http://cafe.daum.net/littlef2010
이메일　　littlef2010@daum.net

©덕일

ISBN 978-89-97581-19-1　03220
값 13,000원

길 없는 곳에서

덕일 글 / 윤창호 사진 / 윤선아 엮음

작은숲

머리말

어두운 밤

길이 없는 곳에서

길을 찾아 헤매며 오늘을 사는 사람들

내가 누구인지

어디서 와서 어디로 가는지

시시각각으로 산란하는

희로애락의 본질이 무엇인지 알지도 못합니다.

생·로·병·사, 흥·망·성·쇠

예고 없이 다가오는 인생의 문제들

그러나 그 무엇도 자신의 의지만으로는

제어할 수도, 풀어낼 수도 없습니다.

몸이 상하고, 마음이 상하고

한 발도 더 나아갈 수 없는

절망의 끝에 섰을 때

많은 사람들이 제게 와서 길을 물었습니다.

삶의 고통이 과연 무엇일까요?

갈등, 질병과 죽음, 비난과 비방, 좌절과 실패……

이러한 고통의 맨 속을 들여다 보면

그것은 고통이 아니라 축복임을 알게 됩니다.

눈앞에 닥친 엄청난 불행

그것을 이겨 내지 못하면 죽을 수밖에 없을 때

자신을 던지는 처절한 사투를 하게 되고

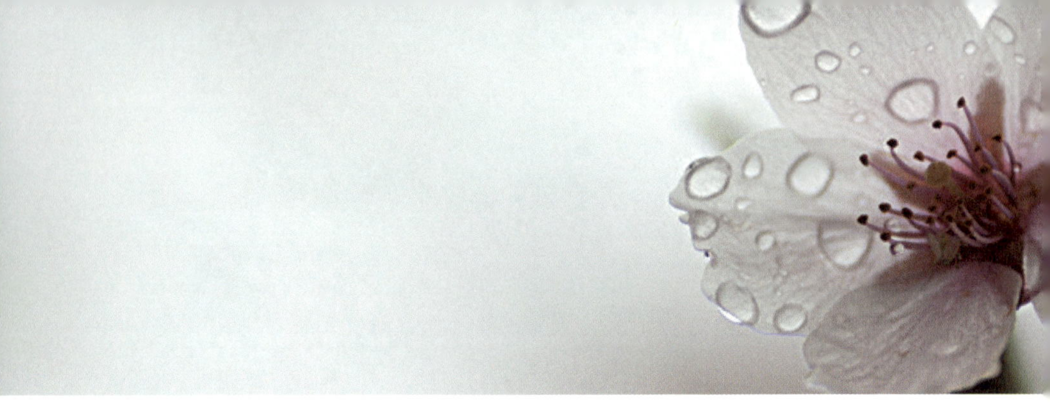

그때 비로소 마음의 한복판에 잠재된

자신의 혼을 일으키게 되는 것이지요.

그 존재를 내가 알아차리는 순간

내면에서 감응하는 영묘한 능력

자신의 참마음의 전지전능한 힘을

깨닫게 되는 것입니다.

참생명의 실상으로서의 절대적 지존감

그 때만 차오르는 대 환희심

동서고금을 막론하고

자신의 꿈을 크게 이루어

세상을 빛낸 사람들은

내면의 혼을 성찰하는 능력이 있었습니다.

때문에 어떠한 실패도 극복할 수 있었고

오히려 그 좌절의 시간을

재도약의 출발점으로 삼을 수 있었던 것입니다.

결국 인생의 모든 길은 내 안에 있습니다.

여러분의 삶에 대해

절대 긍정적인 관점을 가지고

이 순간의 고통을

새로운 도약의 출발점으로 삼을 수만 있다면

인생 성공의 새로운 기점으로 삼을 수만 있다면

이 세상은 나의 무대가 되어

모든 것이 이루어진다는 것을

저는 이 책을 통해서 말하고 싶었습니다.

길 없는 곳

내면의 혼을 일으켜

꿈을 이루고

완전한 행복을 누리시길 기원하며

소중한 당신께 이 책을 바칩니다.

2013년 4월

사홍선원장 덕일 두 손 모아

목차

3장 성공  성공하는 사람들의 마음 법칙

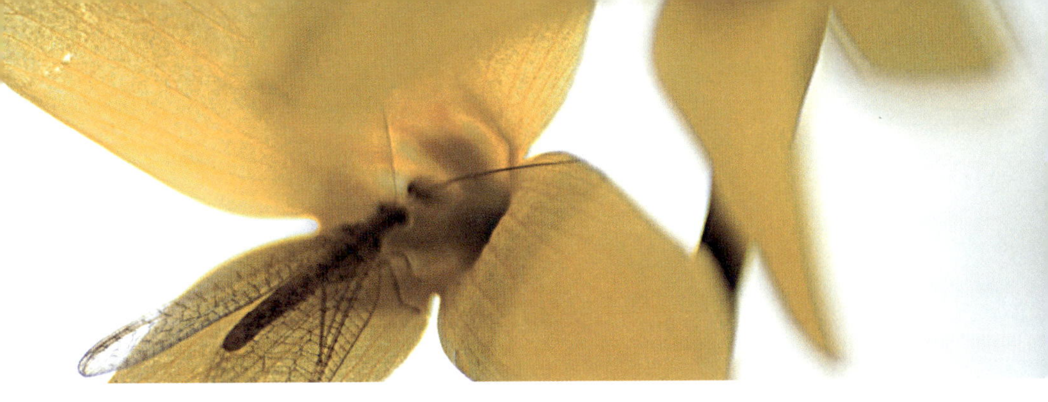

5장 참나 그물에 걸리지 않는 바람처럼

1장

인연

:

인연, 사랑, 만남과

이별

인연이란 무엇인가?

우리는 인간 세계에 함께 온 인연입니다.

세상 모든 사람들은 피부색이 다르고

생김새가 다르고

습생이 다를 뿐

모두가 한 형제입니다.

우리는 인간이라는 업을 똑같이 가지고

이곳에서 이렇게 함께 살고 있습니다.

크게는 사바세계, 동양, 대한민국 등으로

작게는 서울, 서초동, 어느 가족 등으로 인연을 맺는데

그 범위가 클수록 나와 인연이 먼 것입니다.

우리는 이렇게 이웃, 동료, 친족, 가족 등으로

특별한 인연을 맺으며 살고 있습니다.

그 인연 중에서도 부부는 한 이불 속에서 사니 아주 가깝고

부모 자식은 피를 나누었으니 더욱 가깝습니다.

나와 인연이 가깝다는 것은

내가 그 인연을 통해서 덕을 쌓아야 한다는 의미입니다.

덕을 쌓으라고 그렇게 가까운 인연으로 붙여 준 겁니다.

달리 말하자면 전생에 지은 빚을 갚으라는 의미이지요.

어떤 남자가 좋다는 것은

그에게 빚을 갚으라는 의미입니다.

인연이 맺어져야 빚을 갚을 수 있으니 좋게 보이는 겁니다.

나와 인연 있는 사람한테 덕을 쌓지 않는 것은

환상이고 착각입니다.

가장 가까이 있는 사람한테

가장 큰 덕을 쌓아야 하는 겁니다.

늘 보고 살아야 하니까

말할 때마다
행동할 때마다
덕을 쌓지 않을 수 없지요.

덕을 쌓으라고 부부로 맺어 준 인연인데
덕을 쌓아 빚을 갚기는커녕
서로 미워하고 원망하며 악업을 쌓고 있으니
우리의 삶은 늘 거꾸로 가고
윤회를 벗어나지 못하는 겁니다.

자식으로 온 인연은 피할 수 없습니다.
부부는 헤어지면 남남이지만
자식은 피할 수 없는 인과가 있는 인연이기에
무조건 덕을 쌓아야만 합니다.
무조건적으로 갚아야 할 큰 빚을 지고 있는 인연이 자식입니다.

누구를 억지로 사랑할 수 있나요?
전생에 지은 인과가 있기에
그 사람이 좋아 보이고 사랑하게 되는 겁니다.

누군가를 사랑한다는 것은

그 사람에게 덕을 쌓음으로써 빚을 갚으라는 의미인 것입니다.

그렇다면 빚은 어떻게 갚아야 할까요?

몸으로 갚으려면 몇 백 생이어도 모자라지만

마음으로 갚으면 바로 갚을 수 있습니다.

마음을 한 번도 안 비틀고 백일 동안 지극한 마음으로 베풀면

맺힌 원한이 다 풀어집니다.

그런데 그것을 못 견디고 피해서 다른 인연을 찾으면

그 또한 빚 갚을 인연이긴 마찬가지입니다.

인연으로 맺어진 후에는 그 인연과 원을 풀어야 합니다.

안 풀면 답이 안 나오게 되어 있습니다.

우리가 만나는 가까운 인연은

마음에 맺힘이 없이 마음에서 온전했을 때에만

해원이 되어

다음 인연으로 넘어갈 수 있습니다.

누군가를 사랑한다는 것은 그에게 덕을 쌓으라는 것입니다.

빚을 갚으라는 것입니다.

몸으로는 몇 백 생이어도 갚을 수 없지만

마음으로는 바로 갚을 수 있습니다.

짝사랑도 온전하다

짝사랑은 우연히 일어나는 감정이 아닙니다.

그것은 우리 영혼의 세계에서 출발하지요.

타인에게 향하는 그 에너지를 긍정적으로 승화시킬 수 있다면

짝사랑도 충분히 아름답고, 거룩하고, 소중한 것입니다.

하지만 받아들여지지 않는 사랑의 감정으로 인해

'나는 아무런 가치가 없는 열등한 인간인가?'

하고 자괴감이 깊어지면

그 짝사랑은 자기를 죽이는 분노의 에너지가 되어 버립니다.

누구나 자유 의지로 누군가를 사랑할 수 있습니다.

하지만 그 사랑의 에너지가 자기 내면에서 승화되지 않고

집착이 되어 버린다면
자신이 파괴되는 것은 물론이고 상대까지 파괴시킵니다.
사랑하는 사람의 스토커 노릇이나 하게 되니
서로 괴롭고 정신적 파괴가 일어나는 것이지요.

어떤 사랑이든지 억지로 되는 것은 없습니다.
물 흐르듯 자연스럽게 내 마음이 가고
상대가 응해 주어야 사랑이 가능하지요.

사랑은 영혼 게임입니다.
때문에 나도 모르게 그 사람을 선망하게 되고
그 사람한테 마음이 가게 되고
그 사람을 위해 행동하고 말하게 되는 겁니다.
그냥 그 사람이 좋은 것입니다.
그것은 논리적으로 설명할 수 없는 것입니다.
좋은 것은 그냥 좋은 것입니다.

짝사랑의 감정을 긍정적이고
자기 향상이 되는 방향으로 승화시킬 수 있다면

짝사랑도 상당히 의미 있고 가치 있다 할 수 있겠지요.

상대가 내 사랑을 받아 주지 않을 때

그 에너지를 내 삶의 긍정적인 에너지로 승화시킬 수 있다면

나는 성숙한 사람입니다.

평생을 짝사랑해도 받아들이지 않는 상대의 감정은

어쩔 수 없는 일입니다.

좋으면 좋은 것이고, 싫으면 싫은 것입니다.

'저 사람이 나를 이토록 좋아하니까

내가 인정을 베풀어서 결혼해야지.'

하고 받아들이는 순간 불행이 시작됩니다.

짝사랑이든 참사랑이든, 사랑이란 에너지는

이 세상 최강의 에너지입니다.

이 사랑의 에너지를 긍정적으로 표현해 내고

삶의 원동력으로 삼는다면

그 사랑은 거룩하고 아름다우며, 모든 것을 生하지만

부정적으로 표출된다면

저주의 에너지가 되어 자기를 파괴시킬 뿐만 아니라

주변의 모든 인연을 고통으로 몰아넣고
더러는 세상을 경악하게 만들기도 하지요.

사랑은
나의 영혼과 육체적 삶을 발전시키고
나아가
인간에 대한 온유한 사랑을 문화 예술의 혼으로 승화시킬 때
그 가치가 더욱 빛나게 됩니다.

결혼, 꼭 해야 하나요?

사람은 결혼을 해야

인간을 알게 되고, 인생을 알게 됩니다.

가정은 사회의 원초요, 해탈의 근본 도량이지요.

왜냐하면 그곳에

생로병사와 희로애락이 다 있기 때문입니다.

결혼을 하지 않으면 자기 좋은 것만 추구하게 되어

자칫 이기적인 삶을 살기 쉽습니다.

사람은 결혼을 통해서 완성됩니다.

세상의 어떤 학문을 탐구하는 것보다

결혼이라는 것을 해 봄으로 인해서

삶을 총체적으로 체득하게 되는 것이지요.

우리네 삶은 이론이 아니라 현실이기 때문입니다.

자식을 통해서, 남편을 통해서

골수가 상하는 고통도 느껴 보아야 합니다.

인생의 쓴맛과 단맛을 다 맛보아야 한다는 겁니다.

골병들게 하는 자식도 낳아서 키워 보고

예수나 부처 같은 성인도 낳아 보라는 것이지요.

인간은 부부 관계를 통해서 성숙되고

자식을 통해서 완성되는 것입니다.

결혼은 무한한 가치를 가지고 있습니다.

자식이나 남편(아내)에게 얽매여

날마다 시달릴 거라는 부정적인 생각만 하지 말고

긍정적으로 생각해야 합니다.

머나먼 인생의 길에서 볼 때

사람은 사람을 만나야만 제대로 인간이 되는 것입니다.

사람이 인간 되는 가장 근본은

나를 위해서 헌신하고 희생하는 사람을

존경하고 사랑하는 것입니다.

그것이 안 되면 나머지는 모두 위선입니다.

'의식주에 불편함이 없는데

굳이 가족이라는 이름에 얽매여 구속받으며 살 필요 있는가?'

라고 생각할 수도 있겠지요.

그러나 그것은 인생을 모르는 사람들이 하는 말입니다.

사랑도 해 보고, 결혼도 해 보고

자식도 낳아 보고, 가정도 꾸려 보아야

비로소 인생을 알게 되는 겁니다.

그렇다고 해서 결혼을 꼭 해야 한다는 말은 아닙니다.

관념과 관습에 의지해 살아가는 세상 사람들은

자신의 생각보다는

결혼에 대한 사회 통념을 중시하는 경향이 있지만

결혼 생활에서 얻는 가치보다 더 의미 있는

가치를 추구할 수 있다면

혼자 살아야 하는 이유가 충분한 것이지요.

사람은 사람을 만나야만 제대로 인간이 되는 것입니다.

사람이 인간 되는 가장 근본은

나를 위해서 헌신하고 희생하는 사람을 존경하고 사랑하는 것입니다.

그것이 안 되면 나머지는 모두 위선입니다.

부부에게 가장 필요한 것

어느 부인이 제게 와서 묻습니다.

"남편의 사업이 몇 년 전부터 어려워지고 있는데
조언을 해 주어도 제 말을 안 들어요."

아내의 말을 무조건 따르라는 것은 아닙니다.
무조건 따르면 망하기 마련이지요.
하지만 듣지 않으면 완전히 망합니다.
아내가 진심으로 얘기할 때는 말을 들어야 합니다.
그 말을 들으면 지혜가 나오고, 길이 열리기도 하지요.
아내의 말을 무시하고 듣지 않으면

남편의 일이 풀리지 않습니다.
아내의 지혜와 사랑의 기운을 받지 않는 남편은
결코 성공할 수 없고
남편의 사랑과 공경과 존중을 받지 않는 아내는
결코 행복할 수 없습니다.

그런데 남편이 아내의 말을 항상 잔소리로 받아들이고
피곤하게 생각하고, 짜증을 낸다면
그것은 일심동체여야 할 참된 부부의 모습이 아니지요.
부부는 한몸, 한마음이 되어야 상생이 되고
진정한 해원이 이루어집니다.

"스님, 제가 아무리 참회해도 남편이 받아 주지를 않아요."
아내가 아무리 참회 기도를 해도
남편이 받아 주지 않는다는 겁니다.
이 부부의 경우는 남편이 참회해야 할 것을
아내가 참회하고 있으니 답이 안 나오는 것이지요.

지금 상태로 남편은 절대로 참회하지 않습니다.

아내가 자비심을 내고 마음의 중심에서

남편을 용서하고, 사랑하고, 불쌍히 여기면

남편은 참회를 하고 마음을 돌립니다.

그런데 이것을 거꾸로 풀려고 하니까

아무리 참회하고, 아무리 기도해도 풀어지지 않는 겁니다.

사람들은 대체로 누가 누구에게

어떤 참회를 해야 하는지를 잘 모르고 있습니다.

검은 고무신은 아무리 닦아도 흰 고무신이 될 수 없고

모래로는 아무리 밥을 지어도 밥이 되지 않습니다.

문제의 본질을 못 보고 있다는 것이지요.

진실로 참회한 사람은 자신의 참회를

상대가 받아 주든, 안 받아 주든 상관하지 않지요.

진실로 참회했다면

마음 안에 충만과 희열이 있어야 합니다.

그렇지 않은 참회는 다 가짜입니다.

맨날 참회해야 한다면 인생은 비극이겠지요.

늘 기뻐하면 됩니다.

늘 감사하면 됩니다.

진심으로 참회하고 모든 것을 다 내려놓으면 됩니다.

부부 인연의 핵심 도리는

깊은 사랑과 공경입니다.

그것을 떠난 모든 부부 생활은 다 허위라고 할 수 있겠지요.

이 생에서의 인연이 끝나면

지금의 남편과 두 번 다시는 만나고 싶지 않다며

절규하며 기절하는 어떤 중년 부인을 본 적이 있습니다.

'부부가 도대체 무엇이길래 결혼 생활이 한 여자에게

이토록 큰 한과 절망적인 상처를 줄 수 있는가?'

그러나 지혜의 눈으로 보면 답은 분명합니다.

이 부부의 전생의 인과를 보면

아내가 남편에게 전생에 지은 업을

현생에서 받는 것입니다.

그러니 자신의 운명을 탓하며 남편을 증오할 게 아니라

남편이 화를 낼 때마다

'나를 만나서 마음이 불편하실 텐데

마음 푸시고, 당신 건강하세요. 당신 행복하세요.'

라며 진심으로 마음을 전하고

3일, 7일, 21일만 기도한다면

남편의 태도가 완전히 달라질 것입니다.

보통 사람들은 이러한 인연의 원결을

좀처럼 이해할 수도, 해결할 수도 없기에

영적 눈이 밝은 멘토가 참으로 필요한 시대입니다.

진정으로 사랑하고, 공경할 수 있는 지혜를 길러 주는

평생교육이 참으로 필요한 시대입니다.

섹스리스 부부로 살아야 하나요?

세상에는 무늬만 부부인 사람들이 너무 많습니다.

정신과 육체의 교감이 끊어진 상태에서

의무적으로 사는 것이지요.

이러한 부부는 서로의 삶을 깊이 반성하는

진지한 자성의 시간이 필요합니다.

그런 것 없이 그냥 산다는 것은

무책임한 행동이라 할 수 있지요.

부부가 아무런 교감 없이 산다는 것은

영적으로 보면 한을 맺히게 하는 것입니다.

우리의 삶이라는 것은

인연에 대해서

빚을 갚고 원결을 푸는 것이기에

그러한 관점에서 보면 역행하는 것이지요.

손만 잡고 살더라도 마음의 교감이 있느냐 없느냐가

매우 중요한 관건이 됩니다.

오랫동안 불화하는 부부는

대화조차 새삼스럽게 여기며 거부할 수 있지요.

그럴수록 진지하게 마음을 열고 서로의 문제를 드러내어

풀어 내는 과정이 중요한 것입니다.

두 사람 모두의 마음에서 닫히고 맺힌 것 없이 풀어 내어

앙금이 남지 않게 해야 합니다.

서로를 이해하고 깊은 인간애로 섬기면서

그것이 삶을 생하는 에너지로 발산해야 합니다.

마음에서 억눌림이나 한이 없으면 상관없는데

그렇지 않으면 크나큰 원결로 맺히게 됩니다.

부부 인연은 처음에는 부부로 시작하지만

점차로 선한 친구가 되고

더욱 승화하여 위대한 도반이 되는 것이며

나중에는 도반을 넘어서서 함께 붓다가 되는 것입니다.

이것이 이상적인 부부 인연의 발전 단계입니다.

아내의 지혜와 사랑의 기운을 받지 않는 남편은
결코 성공할 수 없고
남편의 사랑과 공경과 존중을 받지 않는 아내는
결코 행복할 수 없습니다.

결혼의 연을 맺는다는 것

이 生에서 내가 인간으로 태어났다는 것은

나와 인연 있는 사람들에게 덕을 베풀어

이러저러한 빚을 갚기 위해서입니다.

결혼한 남자가 알고 보니 건달이었는데,

결혼 전에는 왜 그토록 멋있는 남자로 보였을까요?

그건 멋있어 보여야 인연이 맺어지고

그래야 결혼을 해서 덕을 쌓고 빚을 갚을 수 있기 때문이지요.

칠십 평생 동안 남편에게 한 번도 찬밥을 준 적이 없고

자식을 여럿 낳아 키우며 늘 공경하는 삶을 살았는데도

하루에도 수 없이 험한 욕설을 듣고 살아야 했다며

원통해 하는 사람이 있습니다.

더 이상 못살겠다 싶어 이혼 서류에 도장을 찍고

'네가 밥 해먹고 살라.'

고 선언한 후부터 남편이 숙이고 들어온다는 겁니다.

그녀가 그동안 이러한 용기를 갖지를 못했던 것은

남편에게 더 베풀어야 하는 인연의 빚이 남았기 때문에

자기도 모르게 참고 살아야겠다는 생각이 들었기 때문이지요.

참고 살아야 한다는 것은

영적으로 보면 아직도 상대에게 갚아야 할 빚이 있다는 뜻입니다.

못 참겠다는 것은

이제 갚을 빚이 없어졌다는 뜻이지요.

젊은 사람이 팔십 노인과 결혼하더라도

영적으로 보았을 때에는

그래야만 하는 인과가 있는 것입니다.

'저 여자를 아내로 맞이해서 죽을 때까지 잘 섬기어

편하게 돌아가시게 하겠다.'

하고 부부 인연을 맺었다면

그 젊은 사람은 그 노인에게

갚아야 할 빚이 있기 때문에

그 사람이 그러함에도 불구하고 받아들여지는 것입니다.

'내가 저 사람한테 어떤 빚이 있고, 어떤 덕을 쌓아야 하는가?'

'내가 어떤 공덕을 쌓아야 하기에

저 사람이 그토록 마음에 들었나?'

지혜의 관점, 인과因果의 관점에서 보았을 때

이것은 인간관계를 이해하는 데

참으로 차원 높은 관점이 될 것입니다.

왜냐하면 상대가 아무리 악한 사람이라 할지라도

내가 그 인연의 뜻을 이해한다면

절대 긍정으로 받아들이고

덕을 쌓으며 살아갈 수 있기 때문입니다.

결혼의 조건, 연애의 조건

자식이 결혼 상대를 데리고 왔을 때

가정 형편이나 종교적 이유 등으로

부모 입장에서는 결혼을 반대할 수 있습니다.

그러나 결혼 상대를 선택할 때에는

인성에 모든 초점을 맞추어야 합니다.

잘못 형성된 인성은 쉽게 고쳐지지 않는 것이고

여러 인간 관계에서 장애를 가져오기 때문에

인성은 결혼 상대자의 조건으로

매우 중요하게 고려되어야 할 부분이지요.

능력이나 가정 형편 등의 조건은

설사 부족해도 열심히 노력하겠다고 하면
함께 극복할 수 있는 것이기에 수용해야 합니다.
능력이나 가정 형편 등의 이유를 들어 결혼을 반대하면
상대방의 마음에 큰 모욕감과 상처를 주게 되고
영적으로도 엄청난 원한이 맺히게 됩니다.

결혼이라는 것은

한을 없애고 덕을 쌓는 것이 핵심입니다.

설사 모든 조건에서 흡족하지 않은 사람이라 하더라도
'저런 사위나 며느리를 통해서 우리가 덕을 쌓고
복을 지으라는 뜻이구나.'
하고 기꺼이 받아들이세요.
그러면 그렇게 부족해 보이던 사위나 며느리도
온달장군이 되어 주고, 평강공주가 되어 주기도 하는 겁니다.

인간은 영적인 존재이기 때문에
눈으로만 보아서는 그 인연의 참된 의미를 알 수가 없지요.
잘난 내 아들이 부족한 며느릿감을 데리고 오면
'우리 집안이 저 여자를 받아들여 덕을 쌓으라는 뜻이구나.'

하고 기꺼이 받아들이세요.

결혼할 때 빈부, 학벌, 외모, 지위 등

눈으로 보고 판단할 수 있는 것은 참고만 해야 합니다.

영적인 눈으로 볼 수 있고, 인연의 의미를 받아들인다면

어떤 남자, 어떤 여자와도 살 수 있음이 맞습니다.

사람이 사회생활을 하기 위해서는

인간성, 사회성, 능력 등이 필요한데

인간성이 안되면 아무리 뛰어난 능력이 있다 한들

무슨 소용이 있겠습니까.

어떤 인연을 일단 결혼 상대로 선택했다면

선택한 후에는 어떠한 상황에서도 받아들여야 하고

설사 마음이 맞지 않고 고통스럽다 할지라도

그것을 통해 깨닫고 덕을 쌓아야 합니다.

결혼에서 가장 중요한 것은 인간성입니다.

인간성이 안된 것은 답이 없는 겁니다.

아직 갈등하고 있는 상황에서 인성이 문제라면

내가 복이 있으면 그 인연을 피할 수도 있는 것이지요.

피할 수 있는 것은 자기 복입니다.

어떤 인연을 일단 결혼 상대로 선택했다면
선택한 후에는 어떠한 상황에서도 받아들여야 하고
설사 마음이 맞지 않고 고통스럽다 할지라도
그것을 통해 깨닫고 덕을 쌓아야 합니다.

주홍글씨, 금빛으로 승화하라

누구나 좋은 환경에서 태어나서

잘 보호받으며 바르게 성장하는 것은 아니지요.

들꽃처럼 짓밟히면서 피어나는 꽃도 있고

온실 속에서 사랑과 정성으로 피어나는 꽃도 있듯이

우리 삶도 그런 다양성을 인정해야 합니다.

요즘 철없는 십대들이 아기를 낳아서 두려운 마음에

여기저기 아기를 버리고 있다는 뉴스를 종종 봅니다.

그럴 바에는 차라리 이곳에 넣어 두고 가라고

'베이비 박스'를 설치하여 버려지는 아기들을 받아서 키우는

목사님의 이야기를 방송에서 본 적이 있습니다.

태어나자마자 버려지는 아기들이

석달째 60명이 넘었다고 합니다.

'시도 때도 없이 딩동거리는 소리를 들으면

가슴이 철렁철렁하지요.'

이런 분을 통해서 큰 사랑도 배우게 되고

버려진 아기들을 소중하게 생각하는

거룩한 삶도 알게 되는 것입니다.

이것이 보살행입니다.

요즘처럼 성폭력 범죄가 만연하는 사회에서는

성폭행의 피해로 임신을 하게 되는 경우도 있지요.

참으로 극단적인 경우이고 있어서는 안 되는 일이지만

그러한 경우라도

그 아이를 낳아서 키우는 것이 맞습니다.

성폭행 자체는 욕정에 의한 범죄 행위이지만

그로 인해 생긴 아기는 죄인이 아니지요.

그 아이 자체만 보아야 합니다.

어찌 보면 그 아이는 증오의 산물이지만

인간 자체의 존엄성과 생명에 대한 도리로써

잘 기르는 것이 답입니다.

모든 삶이 정상적으로 순결하고
거룩하게만 살아지지 않음을 인정해야 합니다.
그렇게 생각하는 것 자체가 위선이고 아만이지요.

미혼모들이 가장 두려워하는 것은
사회적 홀대나 경멸일 것입니다.
미혼모에게 편견과 멸시라는 주홍글씨를
달아 주어서는 안 되겠지요.
그들이 정상적으로 아기를 낳고
그 과정에서의 고통을 극복하고 치유할 수 있도록
국가 차원에서 시설을 마련하여 충분히 쉴 수 있게 하고
출산 후에도 아기 교육과 보호를 담당해 주어야겠지요.
나아가 그들이 상처를 승화하여
더 큰 승리의 삶으로 나아갈 수 있도록
사회에서 보듬어 주는 것도 매우 중요한 일입니다.

미혼모 발생을 막는 길은

결국 인성교육의 문제입니다.

인간의 생명이 얼마나 소중한지를 알게 해야 합니다.

자신이 낳은 한 인간의 삶을 소중히 하고

책임지려는 마음을 갖는 것 또한 중요합니다.

사랑은 순간의 쾌락이나 방종이 아니라

그 과정과 결과에서 일어나는 모든 일에 대한 책임도

반드시 따르는 것임을 알게 해야 합니다.

어쩔 수 없는 상황에서 아기를 낳았는데

도저히 키울 수 없는 상황이라면

정식 입양 절차를 밟아서

아기를 필요로 하는 가정에 입양하여

사랑받고 클 수 있도록 최선을 다하는 것이

생모의 도리이지요.

미혼모였던 스티브잡스의 어머니처럼 말입니다.

아기를 버리는 것은

존귀한 우주 생명에 대한 패륜이고

크나큰 범죄입니다.

들꽃처럼 짓밟히면서 피어나는 꽃도

온실 속에서 정성과 사랑으로 피어나는 꽃만큼 소중한 꽃입니다.

생명은 어떤 것이든 소중한 것입니다.

아기를 버리는 것

그것은 존귀한 우주 생명에 대한 패륜이고, 씻을 수 없은 범죄입니다.

이혼해도 될까요?

부부가 심각한 문제를 안고 있으면서도

어쩔 수 없이 결혼 생활을 유지하는 경우가 있지요.

함께 살아서 더 이상 덕을 쌓지 못하고

악만 쌓을 것 같으면

이혼하는 것이 좋습니다.

누구나 한 번 인연 맺으면 해원解寃해야 합니다.

어떤 원도 다 풀고 나서 방생放生하라는 것입니다.

부부가 같이 살아서

서로 상생이 되고 영육 간에 덕이 되는 관계라면

살아야지요.

결혼이라는 것은 서로가 진정으로 덕을 쌓고 사랑을 해서
베풂의 도와 이끎의 도를 완성시키겠다는 뜻입니다.
그런데 그것이 끝났다면 헤어져도 되는 것입니다.

보통 사람들이 이혼하는 이유는
지독한 미움과 원망 때문이지요.
부부끼리 너무 미워하고 싸우면서 살면
자식들한테도 나쁜 영향을 끼치고
두 사람에게도 엄청난 정신적 파괴가 일어납니다.

물론 보살행으로는
어떤 것도 참고 깨달음을 통해 덕을 쌓아 주어야 하는데
믿음이 없는 상태에서
살면 살수록 정신적 상처만 깊어질 경우에는
헤어지는 것이
더 큰 방생이 되는 경우도 있는 겁니다.

부부끼리 충분히 대화를 해서
헤어지는 것이 서로에게 더 이상 아무런 고통이 되지 않고

더 이상은 원망과 후회와 애착이 없다고

서로가 충분히 합의가 되어

친구처럼 서로 앞날을 축복해 주면서

언제든 편하게 볼 수 있을 정도의 관계로

승화시킬 수 있는 경우에는

헤어질 수 있다는 겁니다.

그런데 이런 경우에도

자식이 걸려서, 자식에게 나쁜 영향을 미칠까 봐

참고 사는 경우도 있지요.

하지만 아이들한테는 이익도, 손해도 되지 않습니다.

단지 자식 때문에 참고 사는 것은

바람직하지 않을 뿐더러 신앙적으로도 맞지 않습니다.

모든 것을 정직하게 말하고 문제를 해결한 후

살든지, 끝내든지 해야지

심각한 문제를 해결하지 않은 상태로 체념한 채

자식만을 바라보며 서로 남남처럼 산다는 것은

바람직하지 못한 것입니다.

이러한 삶은 위선과 가식이기도 하고

자식들한테도

부정적인 가치관을 심어 줄 수 있기 때문이지요.

그런 것은 자식을 위한 헌신이 아니라 비겁한 것이지요.

세상은 당당하게 살아야 합니다.

아름다운 이혼도 있다

부부가 살다가

어쩔 수 없이 이혼을 하게 되었을 때

상대 배우자에 대해서 험담을 해서는 안 됩니다.

'네 엄마가 잘못해서 헤어진다.'

'네 아빠가 잘못해서 이혼하게 되었다.'

하며 자식들한테 험담을 합니다.

'당신 탓이야.'

라며 가정 파탄의 원인을 상대에게 돌리며

원수지간이 되어 버리지요.

많이 사랑하고, 또 사랑했지만, 노력하고 애써도 보았지만
더 이상 힘들어서
이제는 어쩔 수 없이 이혼할 수밖에 없음을
자식한테도 진솔하게 설명해 주어야 하고
배우자한테도 그 동안 쌓인 미움과 원망을 내려놓고
진심으로 축복하며 돌아서야 합니다.

어떤 경우에도
끝났을 때는 뒤를 돌아보지 말고
후회하지도 말아야 합니다.
서로에게 악담하며
침을 뱉어서는 더욱 안 됩니다.

또, 가정을 지키지 못했다는 이유로
자식한테 죄의식을 갖지 마세요.
미안해 하지 마세요.
이혼했다는 이유로
자식한테 죄인이 되어서는 안 됩니다.

그러면 자식은 자신의 모든 문제의 핑계를

부모의 이혼 탓으로 돌리며 반항을 하거나

부모에게 분노를 과도하게 표출하게 됩니다.

어쩔 수 없이 이혼을 선택했다면

미움도, 원망도, 후회도 없이 돌아서고

자식한테 미안해 하지 마십시오.

자식한테 죄인 같은 마음으로

자꾸 미안해 하면 자신과 자식을 모두 망칩니다.

사람에 대한 미움을 잡고 있으면

내 인생이 열리지 않습니다.

남을 미워하느라 인생을 허비하지 말고

자기 인생을 살아야 합니다.

어떤 경우에도 헤어질 때는 뒤를 돌아보지 말고
후회하지도 말아야 합니다.
어쩔 수 없이 이혼을 선택했다면
미움도, 원망도, 후회도 없이 돌아서고
자식한테 미안해 하지 말아야 합니다.

헤어짐의 상처를 치유하는 법

"스님, 사랑했던 남자한테 너무 큰 상처를 받아서

많이 힘들고 자꾸만 자괴감이 생깁니다.

생각할수록 증오심과 복수심이 생깁니다.

제 마음을 스스로 제어할 수 없어서 힘이 듭니다."

한 남자를 너무도 사랑했던 젊은 여성이

사랑의 상처가 너무나 커서 실연한 것을

자신의 삶의 전부로 여기고

자기 인생을 꺾었습니다.

온 집안이 탄식으로 무너져 내렸습니다.

스스로를 사랑할 줄 모르는 겁니다.

사랑하던 남자가 떠났다면

'이제는 정말 좋은 인연 만나게 되는 시기가 왔나 보다.'

이렇게 긍정적인 생각을 가져야 합니다.

그것이 설사 착각이라 해도 그건 옳은 착각입니다.

자신을 지존으로서 진심으로 사랑할 수 있어야 합니다.

스스로에 대한 신념과 자긍심을 가지고

내가 세상을 열어 간다는 절대 긍정적인 마음가짐을 가질 때

모든 정신적 고통이 멈추게 되는 겁니다.

그런데 늘 우울해하고

'내가 무얼 잘못해서 떠났을까?'

'다른 사람이 나를 어떻게 생각할까?'

그런 패배의식에 빠지면 인생 끝나게 되는 겁니다.

누구나 배신을 당하게 되면 증오심과 복수심을 갖게 되지요.

겉으로는 다 잊은 척

'너 잘 살아라.'

하면서도

속으로는 원망과 미움과 후회와 배신감으로

치를 떨게 되는 것이지요.

모두가 중생심에서 일어나는 감정입니다.

보통사람들의 화두는 사랑과 미움입니다.

중생들은 '밉거나 곱거나'에서 벗어나지 못하지요.

사람 마음으로는 용서가 불가능합니다.

오로지 참 자아, 마음의 맨 중심에서만 용서가 가능한 겁니다.

답은 하나입니다.

어떤 경우에도 용서하고, 이해하고, 승화하는 것입니다.

복수는 답이 없습니다.

복수는 더 큰 고통으로 나를 밀어넣는 것입니다.

인간적인 마음으로는

미움 때문에 도저히 용서가 안되지만

하루가 백 년이라고 생각하고

3일이든 일주일이든, 진심으로 간절한 마음으로

'당신 행복하세요. 당신 꿈 다이루세요.'

라는 마음을 상대에게 진심으로 전할 수만 있다면

누구든지 인생은 바뀝니다.

결국 내가 미운 사람을 사랑하고
죽도록 미운 원수를 용서하고 살릴 때
내 인생이 바뀌는 것이지요.
죽일 사람 죽이고, 살릴 사람 살리는 것은
누구나 할 수 있는 일이기에
인생이 바뀔 일도 없습니다.

**이 세상에서 누구도 나를
참되게 사랑하지 않음을 알아야 합니다.
그렇다고 자아도취에 빠지라는 것이 아닙니다.
내가 진리로서 참 자아를 사랑할 수 있을 때에만
세상의 모든 사람이 나를 사랑합니다.**

사람들은 자기를 사랑할 줄 모릅니다.
꼭 다른 사람의 입을 통해서
'너를 사랑한다. 너를 믿는다. 네가 최고다.'
하고 늘 말해 주어야 자존심을 세울 수 있지요.
스스로가 늘 그렇게 말하고 생각할 수 있어야 합니다.
'너를 사랑해. 너는 무엇이든 할 수 있어.'

내가 세상에 대한 미움과 원망이 많다는 것은

어리석고 무지하다는 것을 증명할 뿐입니다.

결국은 내 자신이 지혜롭고 자비롭고 온유한 마음으로

모든 사람을 사랑하고, 용서하고, 관용할 때

나의 삶을 원하는 방향으로 나아가게 할 수 있습니다.

이것이 우주의 섭리입니다.

상처받는 이유

많은 사람들이

인간관계 속에서 고통받고 있습니다.

마음에서 절대로 초월하지 못하기 때문에

걸려서 넘어지는 것입니다.

상처는 누가 받습니까?

상처는 욕심이 있으니까 받는 것이고

자존심이 있으니 받는 겁니다.

내가 잘났으니까 상처를 받는 겁니다.

모든 것이 바닥인 사람은 상처라는 것이 없어요.

최상의 자비와 지혜를 가지고

가장 낮은 마음으로 살아가는 사람은

상처라는 것이 없습니다.

우리는 내 마음에 맞을 때만

사랑하고 섬기고 존중합니다.

그것은 이기심입니다.

그것은 진정한 사랑이 아니에요.

초월의 사랑, 무분별의 사랑이 아닙니다.

저 사람이 온전한 사람임을 믿고

내가 참마음으로 사랑을 하면

정말 완성된 모습을 보여 주는 것입니다.

내가 그것을 좋게 생각하면 다 좋아집니다.

천하의 악한 일도 좋게 생각하면 좋은 일이 생기고

좋은 일도 나쁘게 생각하면 그런 결과가 생깁니다.

궁극적으로 내 마음이 모든 답을 내고

모든 것을 열어 갑니다.

우리는 서로 사랑해서 살아도 업입니다.

내 욕심과 내 감정과 맞지 않으면

서로 상처를 주어 아프게 하지요.

심지어 내가 헌신하고 희생한 것도

나에게 아픔으로 돌아오는 것이 너무나 많습니다.

왜냐하면

내 육체의 마음으로 했으니까요.

내가 좋아서 내 모든 것을 주었고

내 몸도 마음도 재산도 다 주었지만

지금은 그것이 너무나 후회스러운 겁니다.

왜 그럴까요?

내 육정단심으로 주었으니까요.

그 마음을 쓰지 말라는 겁니다.

그 마음을 쓰면

여러분은 영원히 윤회를 벗어나지 못하는 겁니다.

상처는 누가 받습니까?
상처는 욕심이 있으니까 받는 것이고
자존심이 있으니 받는 겁니다.
내가 잘났으니까 상처를 받는 겁니다.
모든 것이 바닥인 사람은 상처라는 것이 없습니다.

2장

교육
...

청춘에게 보내는
희망 편지

멘붕 시대를 헤쳐나가는 청춘의 힐링

'멘붕'이라는 말이 유행입니다.

정신이 붕괴되어 어찌할 바를 모르는 심리 상태를 말하지요.

앞으로 이런 현상은 더욱 심해질 수밖에 없을 겁니다.

오로지 돈이 모든 가치의 기준이 되다 보니

정신적 가치관이 붕괴될 수밖에 없지요.

물질적으로 세상이 풍요로워지는 것에 비례해서

사람들의 삶도 더 행복해질 것 같지만

사람들은 심리적으로 더욱 불행감을 느끼고 있습니다.

존속 상해, 성폭행, 학교폭력, 청소년 자살 등

갈수록 잔혹해지는 인간성 상실의 범죄들……

가슴이 쿵쿵 무너져 내립니다.

멘붕은 삼강오륜의 무너짐입니다.
그것에 어떤 대의명분이 있는 것도 아닙니다.
자신의 이기심과 출세를 위해
돈 때문에 부모, 자식, 형제, 친구, 스승 모두를 배반하고
목숨까지 앗아버릴 수 있는
인간성 상실 그 자체인 것입니다.

자녀가 어릴 때 대부분의 부모는
자기 자식에게 무조건적인 사랑을 쏟습니다.
그러다가 점점
'공부해라, 학원가라.'
'너 그렇게 해서 뭘 해먹고 살래?'
하는 식으로 자녀의 미래를 불안해 하면서
우려의 말과 다그치는 말을 하게 되지요.
친구들은 명문대학에 진학하는데
나는 변변한 대학도 가지 못할 상황이고
남들은 대기업에 취직했는데

나는 비정규직 일자리도 구하지 못한 형편이라면

주변의 기대에 부응하지 못하는 자신의 현실로 인해

자괴감이 점점 커질 수밖에 없겠지요.

이것이 멘붕의 시작인 겁니다.

어떤 사람은 불행한 가정환경 때문에

또 어떤 사람은 공부를 못하는 것 때문에

친구들로부터 왕따를 당하거나 멸시를 받습니다.

이렇게 되면 자연히 심리적으로 위축되는데

이 또한 심각한 멘붕의 요인이 되는 것입니다.

사람이라면 부모를 공경하고 자식을 사랑하며

더불어 살아가는 덕을 심는 가치가 중시되어야 하는데도

'일등, 명문대, 고액 연봉, 출세, 권력……'

이런 것들이 최상의 가치가 되어 모두들 한 곳을 지향하다 보니

정신적 가치가 무너지고 있는 겁니다.

정신이 심약한 상태에서 물질적 삶의 수준만 높아지다 보니

정신이 그것을 따라가지 못해서

멘탈 붕괴가 심화될 수밖에 없는 겁니다.

그러다 보니 사람들은 점점 힐링을 필요로 하는 것이지요.

진정한 힐링이 무엇일까요?
힐링의 가장 근본 토대는
가정입니다.
가족의 깊은 사랑과 믿음과 받들어 섬김이
힐링의 가장 중요한 요소이지요.

어렸을 때부터 부모가 자식을 무한한 사랑으로
믿어 주고, 지켜보아 주고, 격려해 주면서
지혜의 눈, 마음의 눈으로 인생의 길을 함께해 준다면
어떠한 좌절도 이겨 낼 수 있을 겁니다.

부모는 오로지 지혜와 믿음으로 자식을 키우라고 하지요.
자식이 힘들어 할 때는 참마음을 일깨워
희망과 용기를 주고 믿어 주고, 기다려 주세요.
자식이 부족한 모습을 보일 때도 한량없는 자비심으로
'난 너를 믿는다. 우리 아들, 우리 딸 사랑해.'
하고 다독여 주세요.

가정에서 부모가 크고 깊은 사랑으로

자식의 기쁨과 아픔과 절망까지 안아서

자긍심으로 거듭나게 보듬어 준다면

어떠한 마음의 상처도 치유될 수 있을 겁니다.

다음으로는 올바른 교육관과 투철한 사명감을 지닌

눈 밝고 지혜로운 스승이

제자들의 정신세계를 맑게 하고 바르게 이끌어 주는 것이

이 시대의 대승보살로서 스승상이요, 구세주인 것이죠.

학교는

학생들이 꿈을 꾸게 하고

그 꿈을 가꾸어서 인류를 위해 기여할 수 있는

스마트한 인재로 자라나게 하는

희망의 공간이어야 합니다.

그러기에 우리 사회의 희망은 여전히 학교에 있습니다.

힐링이란

상처받은 마음을 회복하는 것입니다.

회복된 것을 새로 태어난다고 하는 겁니다.

어머니 자궁에서가 아니라

내가 참마음으로 새로 태어난 겁니다.

마음의 고통을 끊는 유일한 길은

육신의 마음을 본성품 자리로 돌리는 겁니다.

이 본성 자리를 밝히면

어떤 것에도 속지 않고

애착, 탐착, 염착이 끊어지게 됩니다.

그 자리에서 우리는

세상을 사랑하고

세상을 위하고

섬기고

받들고

열심히 일하고

장사하고

살아가는 겁니다.

그것이 극락입니다.

마음에 맺힌 것을 다 풀어서 가슴에 응어리가 하나도 없이

진짜 잘사는 것처럼 사는 길이

바로 이 참성품으로 돌이켜서 보고 듣고, 먹고, 마시는 것입니다.

정말 심각한 정신적 붕괴 현상은

오직 참자아를 일깨워 주는

영적 치료를 통해서만 치유될 수 있음을

상담을 통해 많이 보게 됩니다.

진리 말씀을 통해 고통받고 절망하는 사람들이 힐링되어

향상의 삶으로 나아가게 해야 합니다.

사명감 깊은 멘토가 정말 필요한 시대입니다.

힐링의 근본 토대는 가정입니다.
가족의 깊은 사랑과 믿음과 받들어 섬김이
힐링의 가장 중요한 요소입니다.

삼포 세대에게 보내는 희망 편지

꿈과 희망을 가지고 맘껏 성취를 해야 할 젊은이들에게
'삼포 세대'란 이름을 누가 붙여 주었을까요?

기약 없는 일자리
갚아야 할 학자금 대출금
그런데
모아놓은 돈은 없다 보니
연애, 결혼, 출산을 포기한다고 해서
이렇게 서글픈 이름이 붙여졌다지요.

주변의 기대에 부응하지 못하다 보니

자존감은 낮아지고

자괴감은 높아져

우울증이 심화되고

자살률도 급증하고 있다는 기사를 보았습니다.

어떤 시대도

그 시대를 사는 사람에게는

마찬가지로 어렵게 받아들여지는 것이기에

시대를 탓할 필요는 없습니다.

매일 똑같은 안목으로 세상을 보면

여러분이 찾는 것은 안 보입니다.

모든 것을 육안으로만 보니까

세상이 어렵고 길이 안 보이는 겁니다.

지혜의 눈, 우리의 참마음의 눈으로 보면

고통이 크다는 것은

나에게 기회가 많고

그만큼 내가 얻을 수 있는 것이 많다는 뜻입니다.

아무리 작은 일도 내가 그것을 이루기 전에

먼저 고통과 고난을 먼저 보내 주고

그것을 참고 이겨 내는 사람에게만 선물을 주는 겁니다.

그냥 이루어지는 일은 없습니다.

이것이

인생입니다.

그러니 고통과 고난이 오면

내가 보지 못한 것이 무엇이고

알지 못한 것이 무엇이며

나의 마음의 강건하지 못함이 무엇인지를 점검하세요.

그런 다음 정신력을 키우고 내 실력과 지혜를 증장시켜

'나를 총체적으로 업그레이드시킬 기회가 오는구나.'

하고 긍정적으로 받아들이고 최선을 다하세요.

이 세상에 오로지 중요한 힘이 있다면

그것은 자신의 마음의 힘입니다.

내 마음의 중심의 힘은

무엇이든 할 수 있는 무한한 우주 파워인 것입니다.

그러한 무한한 에너지가 자신 안에 본래 있음을
스스로 알고, 보고 깨달으면 그것이 신앙입니다.
굳이 예수나 부처를 믿어야만
마음의 에너지가 나오는 것이 아니에요.
본래 누구나 마음의 무한 에너지를 가지고 있다는 것을
아는 것이 지존심입니다.
지존심은 이기주의도 아니고 오만도 교만도 아닙니다.

모든 사람이 지존심을 가지고
자기 자신을 사랑할 수 있어야 합니다.
이 세상에 불가능은 없다는 것이
마음 법칙의 본질이거든요.

그런데 사람들은 뜻대로 되지 않으면
'나는 능력이 없다. 나는 운이 없다.'
라고 생각하며 자기를 비하하고 세상을 비관합니다.
내가 정말로 하고자 하는 목표가 뚜렷하고
이루고자 하는 원이 뚜렷하다면
이 세상에 불가능은 없습니다.

요즘 젊은이들이 그런 결심의 힘

그렇게 하고자 하는 열정과 열망이

많이 부족한 것 같아 안타깝습니다.

부모한테 용돈을 받아 쓰면서 폼 나는 일만 찾지 말고

접시를 닦든, 구두를 닦든

밑바닥부터 하나하나

스스로 성취하세요.

스펙보다 감동의 스토리를 만들어요

요즘은 중고등학생들도 스펙을 관리하는 세상입니다.

좋은 학교, 높은 학점, 토익과 고득점의 자격증들……

남들한테 뒤지지 않는 스펙을 쌓기 위해

청춘도 낭만도 포기하고 열심이지만

정작 중요한 것이 빠져 있는 느낌입니다.

자신이 삶을 통해서 이루고 싶은 꿈이 무엇인지를

정확히 아는 것이 우선되어야겠지요.

자신의 재능을 분명히 알고

그 재능을 통해서

자신의 사명을 깨닫는 것이 무엇보다 중요하지요.

'나는 왜 그 일이 하고 싶은가?'

'나의 여건은 어떠한가?'

'나의 능력은 충분한가?'

'그렇다면 지금 내가 노력할 일은 무엇인가?'

이것을 정확히 알고 나아 가는 사람만이

자신만의 스토리를 만들어 갈 수 있는 겁니다.

물론 젊은이들에겐

한 분야의 깊이 있는 지식도 중요하고

폭넓은 경험과 지식을 쌓는 일도 필요하겠지요.

하지만 뚜렷한 목적도 없이

취업을 위해서 억지로 하는 것이 문제가 되는 겁니다.

스토리는 꿈을 향한 자발적이고 총체적인 노력이기에

의미 있고, 가치 있게 평가해 주는 것이지요.

스펙은 취업을 위해서 필요한 것이니까

하기 싫어도 미리 준비해서 갖추는 것이라고 해야겠지요.

이렇게 스토리라는 것이 자신의 혼이 깃든

자신만의 꿈의 설계도가 담긴 삶의 포토폴리오라면

스펙은 모두가 쌓아 가는

공인된 자격증 같은 의미가 담겨 있지요.

사실 스펙과 스토리를 이분법으로 나눌 수는 없습니다.

아무리 스토리가 감동적이어도 스펙이 갖추어지지 않으면

인재라 할 수 없는 것이고,

아무리 스펙이 좋아도 스토리가 없으면

감동을 주지 못하는 것이지요.

우리 사회는 특별한 스펙을 가진 사람을 원합니다.

그 특별한 스펙은

어떤 사람이 자신의 꿈을 설정하고

그 꿈을 이루기 위해 어릴 때부터 자신의 혼을 바쳐

마음을 다지고 실력을 갖추어 꿈을 실현해 온 과정이

그 사람만의 스토리로 엮어질 때

사람들은 감동하고 박수를 보낼 것입니다.

1999년 '브누아 드 라 당스'지에 의해

세계 최고의 무용수로 선정된 발레리나 강수진

자기 안의 목표를 이루기 위해

하루에 19시간씩 홀로 연습을 했습니다.

그녀는

"포기하는 자신은 용서할 수 없다."는 말을 했지요.

발레리나로서 얼마나 혹독하게 노력하며 살아왔는지를 보여 준

그녀의 흉측하게 일그러진 두 발에

사람들은 감동했기에

"마흔둘의 나이에도 나이 드는 것이 두렵지 않다."며

여전히 목표를 향해 나아가는 아름다운 그녀에게

공경과 찬탄의 박수를 보내는 것입니다.

연매출 150억 원의 '김영모 제과점'의 대표 김영모

17세에 고등학교를 중퇴한 후

제과점 보조로 시작하여 국내 최초 천연 발효 빵을 개발

후학을 양성하면서 가업을 일군 기능인이지요.

"기술보다 어떤 자세와 의식으로

제품을 만드느냐가 가장 중요하다."며

"한 가지만 잘해도 성공할 수 있는 사회가 되도록

기능인으로서 힘닿는 데까지 최선을 다하겠다."

고 어느 시상식에서 수상 소감을 밝혔다고 합니다.

몇 십 년 동안 오직 빵 굽는 일에 수 없는 밤을 지새면서

그 분야의 노하우를 쌓아 온

그의 빵에는 그의 혼이 들어 있습니다.

단순한 스펙만 가지고는

사람들을 감동시킬 수 없고

사람들의 마음을 움직일 수 없습니다.

달인은

달인이 되기까지

자신의 혼이 담긴

자신만의 감동 스토리가 있었던 것입니다.

우리 사회는 특별한 스펙을 가진 사람을 원합니다.
그 특별한 스펙은 어떤 사람이 자신의 꿈을 설정하고
그 꿈을 이루기 위해 어릴 때부터
자신의 혼을 바쳐서 마음을 다지고 실력을 갖추어
꿈을 실현해 온 과정이 그 사람만의 스토리로 엮어질 때
사람들은 감동하고 박수를 보낼 것입니다.

'학교의 눈물'을 멈추게 하라

고등학교 시절 친구들로부터

지속적으로 왕따를 당했을 뿐만 아니라 금품까지 갈취를 당해

결국 그 후유증으로 폐인이 되다시피한 젊은 여성이 있습니다.

몇 년 동안 휴학을 거듭하다가 겨우 대학을 졸업했지만

아직도 대인기피증이 심한 상태여서

사람들에게 마음을 열지 못하고 있지요.

또 얼마 전 의정부역에서

흉기 난동 사건을 일으킨 피의자를 기억하실 겁니다.

그는 용서받지 못할 만큼 엄청난 잘못을 저질렀지요.

어느 일간지 기자가 피의자의 노모 집을 찾아갔을 때

그의 노모가 눈물을 흘리면서

"작고 가여운 아이였어요.

항상 왕따 당하고, 항상 울고 왔지요."

누군가는 항상 그를 때리고 괴롭혔다는 겁니다.

이것이 지금 우리의 현실입니다.

상대방을 비난하고 괴롭히는 이런 악한 마음이

모두가 마등가의 저주입니다.

남의 허물을 말할 때는

나의 허물이 태산 같은 줄을 알고

남의 약점을 말할 때는

나의 약점이 무량한 줄을 알아야 합니다.

칼로 찌르는 것만 죽이는 것이 아닙니다.

누군가를 왕따시키는 것은

그 사람을 정신적으로 죽이는 것입니다.

'학교의 눈물'

한 방송사가 기획 보도한

학교 폭력 실태를 다룬 프로그램인데

여기에 나타난 학생들의 악행은 그야말로 심각한 수준입니다.

'아이들이 크는 과정에서 그럴 수도 있지 뭐.'

하며 성장통쯤으로 여겨서는 안 되는 일입니다.

물론 성장 과정에서 감정 충돌로 싸움은 할 수 있지요.

그러나 요즘 학교 폭력은

며칠 지나면 화해되는 단순한 다툼이 아니라

한 사람을 영적으로, 정신적으로 완전히 폐인을 만들거나

죽어 버리게 만드는 저주이고

우주 참생명을 짓밟는 악행임을 반드시 깨달아야 합니다.

체벌 위주의 생활지도로는 답이 없습니다.

인간 존중을 바탕으로 하고

참마음 회복을 목표로 하는

진정한 교화 프로그램이 필요한 것이지요.

가해 학생을 지도할 때는

그 학생의 마음의 중심이 되어서

그런 악행을 할 수밖에 없는

만약 부처님께서 친구를 괴롭히고 죽음으로 몰아가는
저 무지한 아이들을 보신다면 어떻게 하실까요?
아마도 대자 대비심으로 끝까지 끌어안고 교화하여
밝음으로 이끌어 주실 겁니다.
부처님이 불쌍한 중생을 제도하는
그 마음으로 운영하는
교화 프로그램이 아니고서는
'학교의 눈물'을
멈추게 할 수 없습니다.

진정한 교화, 완전한 참마음 회복이 필요합니다.
국가적 차원에서 완전한 교화가 절실히 필요함을
모두가 인식해야 합니다.
아무리 미성년이라 하더라도

타인의 영혼을 말살시키는 범죄를 용납해서는

사회가 바로 설 수가 없는 것입니다.

절대로 그런 일을 해서는 안 되는 일임을

깊은 내면으로부터 인식하고

참마음으로 거듭날 수 있도록

끝까지 제도하려는 사명감 깊은 멘토가

절실히 필요하다고 하겠지요.

분노 조절은
자신을 사랑하는 것부터
출발해야 합니다.
자존심을 넘어 서서
지존감으로 나아가야만 합니다.

분노 조절이 안 되는 사람들

대구 지하철 중앙역

오래 전, 한 사람이 지하철에 신나를 뿌리고

불을 질렀던 곳이지요.

무고한 많은 사람들을 죽게 만든 그 피의자도

사회에서는 완전한 외톨이였습니다.

자신을 외톨이로 만드는 사회의 그 저주의 벽을

넘을 수가 없었던 겁니다.

실력도 없고, 배경도 없고

뒤틀린 마음 안에 오로지 분노만 차올라서

마음 조절이 안 된 겁니다.

그 사람이 갈 길은

타인에게 분노를 폭발시키든가

그렇지 않으면

스스로 목을 맬 수밖에 없는 겁니다.

여러분의 말이 주문입니다.

말대로

그대로 됩니다.

농담이든, 진담이든

말하는 대로

그대로 되는 겁니다.

너 죽으라고 계속 말하면

주문이 되어 정말 죽는 것이고

망하라고 계속 말하면

주문이 되어 정말 망하게 됩니다.

분노는 한순간에 나오지 않습니다.

누군가가 자신을 끝없이 멸시하고 짓밟으니까

그것이 쌓여서 폭발하게 되는 것입니다.

자신은 부모, 교사, 친구, 이 세상으로부터

사랑받지 못한다는 생각을 가지고 있다 보니

자존감이 낮아지고

누가 건드리면

억눌린 분노로 인해

엄청난 일을 저지르게 되는 것입니다.

자존감이 극도로 망가지게 되면

분노가 쌓이게 되고

분노가 쌓인 상태에서는 모두가 증오의 대상이 되어서

심지어 부모나 교사 친족에게까지

폭력과 폭언이 나오게 되는 겁니다.

결국 자존감이 끊임없이

짓밟힌 상태에서 나오는 자기 분노입니다.

분노를 폭발시키는 그 이면을 들여다보면

살기 위해서 발악을 할 수밖에 없는 것입니다.

그 분노가 자신을 더 망가뜨려서 파멸로 이끌지만

자신의 존재를 표현하는 길은 그런 분노밖에 없는 겁니다.

아이들이 관심을 갖기 위해서 끊임없이 아프다고 한다든가
엉뚱한 일을 저지르는 것과 같은 심리인데
이 경우는 최악의 행동으로 표현하는 것이지요.

마음이라는 것은 무한한 힘을 가졌지요.
내가 사람을 미워하기 시작하면
그 미움이 우주만큼 커지고
그 사람을 용서하겠다고 생각하면
우주만큼 큰 용서의 힘이 생기는 겁니다.

분노 조절은 자신을 사랑하는 것부터 출발해야 합니다.
자존심을 넘어 서서 지존감으로 나아가야만 합니다.
'나는 사랑받지 못한다.'
'나는 능력이 없다.'
'나는 세상에 필요 없는 사람이다.'
이런 식의 생각은 스스로 자기를 죽이는 것이지요.
누가 자신을 사랑해 주고 인정해 주길 기대해서는
이 세상은 영원히 답이 없습니다.

분노는

스스로 자기 자신을

공경하고

지존감을 가질 때

없어집니다.

스스로 자신을 사랑하는 사람만이

자신을 컨트롤하려는 마음을 갖게 되고,

그럴 때에만 멘토의 말이나 힐링이 들어오게 됩니다.

결국은 자긍심을 갖게 하고 지존감을 고취시켜서

자신이 정말 고귀한 존재임을 스스로 깨닫게 하는 것이

모든 정신적인 문제 해결의 근본입니다.

지존감이라는 것은
내가 아무리 못나고 학식이 낮아도
본래 나의 참자아는 거룩한 참생명의 실상임을 믿고
세상 일에 불가능은 없다는 생각으로 살아가게 하는
인간 존엄성의 고취이고 우주 의식입니다.

이것이 인성교육의 본질이다

스물여섯 살 먹은 사람이 내 앞에서 웁니다.

깊은 자괴감으로 인해 마음이 아픈 겁니다.

자괴감이 깊은 사람은

자기의 몸도 마음도 소중하게 여기지 않기에

쉽게 포기하고 쉽게 상처받게 되는 겁니다.

어려서부터 부모, 형제, 친구나 교사 등

자기와 관계있는 모든 사람들로부터 인정받고 사랑받음으로써

자존감이 형성되어야 하는데

그런 것이 형성되지 못하다 보니 문제가 생기는 겁니다.

이것이 인성교육의 아주 중요한 요소이지요.

우리나라 교육이념은 홍익인간입니다.

'내가 무엇을 해서 사람들을 널리 크게 이롭게 할 것인가?'

인간성의 가장 기본은

내 모든 능력과 나의 삶을 통해서

다른 사람을 행복하고 기쁘게 하려는 마음을 갖는 것이지요.

그러기 위해서는 사람에 대한 이해, 존중, 배려, 사랑은

기본이 되어야겠지요.

칭찬, 질서, 봉사, 공경, 애국 등의 기본 덕목을 바탕으로

자긍심을 고취시켜서 나아가 지존감을 갖게 해야 합니다.

자괴감이 심하여 스스로를 존중하지 못하는 상태에서는

남을 존중해 줄 수는 없는 것이거든요.

지존감을 가지고 있을 때

세상을 바르게 볼 수 있습니다.

누구나 자신의 눈높이로 보기 때문이지요.

자존감은 자기중심적이고 이기심을 바탕으로 하고

지존감은 진리의 의식 세계를 표출하는 것입니다.

지존감이라는 것은

내가 아무리 못나고 학식이 낮아도
본래 나의 참자아는 거룩한 참생명의 실상임을 믿고
세상 일에 불가능은 없다는 생각으로 살아가게 하는
인간 존엄성의 고취이고 우주 의식입니다.

단순한 자존감은 언제든지 깨질 수 있습니다.
'너는 대단해, 너는 정말 뭐든 잘하더라.'
하면 우쭐해지고
'너는 별것 아니야. 너는 엉터리야.'
하면 금방 죽고 싶을 만큼 자존심이 상하게 됩니다.

이렇게 타인의 평가에 의해 자신의 존재감을 쉽게 높이고
조금만 비난을 해도 민감하게 반응하여
금방 좌절감을 느끼기에
자존감은 중생심에 해당되는 겁니다.
지존감을 가진 사람은 자신에 대한 강한 믿음이 있기에
자신을 비난하는 그 사람을 자비심으로 이해하고
어떤 비난의 말을 들어도 마음의 동요가 일어나지 않고
항상 마음의 평정심을 유지하는 힘이 있는 겁니다.

지존감은 누가 나를 추켜세워도 내가 안 높아지고
누가 나를 밀어도 추락하지 않는 절대적 존재감이지요.

인성교육의 핵심은
진심으로 격려해 주고
포용해 주고
섬기는 겁니다.
마음의 눈, 지혜의 눈으로써
진여의 참생명의 차원에서
누구나 이 세상에 사랑받기 위해 태어난 사람임을
알게 해 주는 겁니다.

너는
이 세상에서
가장
존귀한 존재이고
최고로
사랑받을 수 있는
존재임을 인식시켜 주어야 합니다.

그래서 자기 자신을 사랑하듯이

이 세상의 모든 생명을 내 몸처럼

아끼고 사랑하는 마음이 가득 넘쳐나서

저절로 실천하게 하는 겁니다.

모두가 가장 낮은 마음으로

모든 생명을 섬기며 살아가는 것이지요.

열세 살에 꿈을 포기한 소녀

어느 날

그림 그리는 것이 꿈인 여중생이

엄마와 함께 절에 왔습니다.

그런데 그 소녀는

자기보다 그림을 잘 그리는 사람이 너무 많아서

지금은 화가의 꿈을 포기했다고 합니다.

"모래알보다 많은 사람이

너보다 그림을 잘 그려도

네가 허술하게 그린 그 그림은

너의 참자아의 최고로 훌륭한 작품이다.

자기의 잠재 능력이 어느 정도인지 노력도 안 해 보고

아직 어린 학생들이 자신의 꿈을 포기합니다.

다른 사람이 잘하는 것을 보고,

내가 부족함이 무엇이고,

무엇을 더 노력해야 하는지 깨닫는 것은 좋지만

부러워하거나 열등감을 갖고 미리 포기하는 것은

어리석음입니다.

'영재니 천재니 하는 것은 믿지 않는다.

스스로 끊임없는 노력을 통하여

자기 내면의 진정한 재능을 이끌어 내는 것이

참된 능력이고 진짜 천재다.'

줄리어드 음악원의 명교수, 도로시 딜레이의 말입니다.

그 포기하는 마음이 우리의 자화상입니다.

이 세상의 모든 장애는

내가 스스로 만드는 것입니다.

나의 신념만 굳건하면

세상의 어떤 장애도 나를 막을 수 없습니다.

우리의 참성품은 텅 빈 무소유의 마음이지만

모든 것을 가능하게 하는

엄청난 힘을 지니고 있음을 믿으세요.

우리 모두는 어떤 장애도

어떤 한계도 없는 존재입니다.

모든 사람들에게 기쁨과 이익을 주려는 마음으로

노력하면 이루지 못할 일이 없는 것이

마음의 힘이고, 우주의 힘입니다.

이 세상의
모든 장애는
내가 스스로
만드는 것입니다.

사람을 살리는 말, 죽이는 말

살다 보면 타인으로부터 듣게 되는 비난과 비방이 엄청나지요.
내가 행한 것이면 당연히 받아야 하는 것이니
기쁘게 받으세요.
행하지 않은 것은 내가 모르는 전생의 업이니
더욱 고맙게 받으세요.
더 큰 욕이면 미래에 큰 덕을 쌓는 것이니
감사히 받으면 됩니다.

상대가 나에게 부정적인 말을 할 때
절대로 가슴으로 받으면 안 됩니다.
그것을 받으면

여러분은 영적으로 즉사합니다.

누가 나에게 무슨 저주의 말을 하더라도

발밑으로 받으면

덕이 되고 해탈이 되는 겁니다.

어린이와 청소년은 부정적인 말을 견디지 못합니다.

그 아이들은 믿음과 지혜로 길러지지 않았기 때문에

그대로 직격탄을 맞습니다.

참생명의 진리를 모르기에

자신 안의 강한 참자아를 알지 못하기에

견딜 힘이 없는 거지요.

아직 순수해야 할 아이들조차

누군가를 미워하고 저주하며 삽니다.

노인들까지도 말다툼 끝에 살인이 일어납니다.

모두가 우리의 언어 폭력이 만드는 겁니다.

자식한테는 항상

선한 말, 자비로운 말, 지혜로운 말을 하세요.

망할 놈, 빌어먹을 놈, 못난 놈……

못났든, 잘났든

그 사람은 이 세상에 위대한 사명을 띠고 온

우주 참생명이고 이 세상에 꼭 필요한 사람입니다.

부족한 사람없이 모두가 완전한 사람만 있다면

우리는 삶을 이해할 수 없고

깨달을 수 없고, 원을 세울 필요가 없겠지요.

우리는 그런 사람을 볼 때마다

어떤 도움을 주어야 할까를 생각하여

내가 뜻을 세우게 되고

공덕을 짓게 되는 겁니다.

분노를 가슴에 담고 사는 사람들은

세상에서 풀 한 포기도

자기를 안아 줄 사람이 없이 외로운 사람입니다.

우리 모두는 지존입니다.

위대한 존재입니다.

지존심을 가진 사람은

누가 억눌러도 웃으며 오히려 자비심을 내지요.

이 세상에 나보다 낮은 사람은 없습니다.

나보다 악한 사람도 없습니다.

천하의 악인이 나 자신입니다.

나보다 못난 사람, 나보다 낮은 사람도 없다는 것이

절대 평등의 진리입니다.

우리 모두의 참마음 안에서는

아무리 악한 사람도 섬기고 사랑할 수 있는

사랑과 자비가 나온다는 것을 확신하십시오.

누구의 잘못도 정죄定罪하지 마십시오.

우리는 내 발에 밟히는 벌레 한 마리도

내 마음대로 할 수 있는 덕도 자격도 없습니다.

동등한 생명체로서 한 공기를 마시며

이 지구에서 살아가는 한 식구입니다.

인생을 바꾸는 것은 말을 바꾸는 겁니다.

화 낼 일이 있을 때 화를 내지 않고

누군가를 욕하고 싶을 때 온유한 말을 하게 되면

내 운명과 사주팔자가 바뀌어 집니다.

말 한 마디를 뱉을 때
내 운명과 사주팔자는 출렁임을 명심하세요.
내가 하는 한 마디 한 마디의 말이 염주입니다.

요즘은 칭찬의 말, 축복의 말이 아닌
저주의 말, 비난과 비방의 말이
매순간 통신 매체를 통해
누군가를 공격하고 있습니다.

다른 사람의 말에 상처받지 마십시오.
그 사람이 아무리 나를 무시하고 비난의 말을 해도
그말은 내 얘기가 아니고 그 사람 말입니다.
다른 사람이 나에 대해 하는 말이나 행동에 의해서
내 가치와 능력이 규정되는 것이 아닙니다.
그것은 그 사람 이야기이고
나는 나대로 완성되어 있는 존재라는 것을
확실하게 믿어야 합니다.

다른 사람의 말에 상처받지 마세요.
그 사람이 아무리 나를 무시하고 비난하는 말을 해도
그 말은 내 얘기가 아니고 그 사람의 말입니다.
다른 사람이 나에 대해 하는 말이나 행동에 의해서
내 가치와 능력이 규정되는 것은 아닙니다.

최첨단 IT 시대와 원시 정신

지금은 최첨단 IT 시대입니다.

페이스북, 트위터, 블로그, 카페, 스마트폰 등

각종 웹 기반 어플리케이션을 이용하여 전법을 하는

스마트 포교 시대이기도 하지요.

육체가 편해진 만큼 정신적으로 덕을 쌓으라는 뜻입니다.

문명의 이기를 활용해서 모든 삶에서 덕을 쌓아야 합니다.

기술 문명의 발달에 비해 정신의 발달은

아직도 많이 미흡한 수준입니다.

사람들은 물질 축적에 관한 대화에는

관심이 많고, 노하우도 갖고 있지만

우리 존재의 본질이나 정신적인 가치에 대한 대화에는

관심이 적기에

몇 분을 지속하기 어렵습니다.

우리의 본성품이 완전히 깨어나지 않는다면

인류의 미래는 밝지 않고

당장 우리 개개인의 삶에도

평화와 행복은 없습니다.

지금 내가 쓰고 있는 마음이 무엇인지 모르고

나의 육근眼,耳,鼻,舌,身,意의 작용이 무엇인지를 모르기에

우리의 삶 자체가

마치 장님 뒤 따라가는 것과 같고

진정한 행복이 무엇인지도 모른채 사는 거지요.

우리의 참 주인이 누군지를 알아야 합니다.

영원 불멸의 우주 일심이 우리 내면에 있습니다.

대부분은 사람으로 태어나

그 위대한 참마음을

알지도 못하고 한 번 써보지도 못하고 죽어갑니다.

물질에 얽매이고

타인의 칭찬과 비난에

내 마음이 왔다 갔다 하면

여러분의 삶은 밑으로 가는 겁니다.

실패하는 사람은

타인의 비난이나 시비하는 말은 다 받아들이고

칭찬과 격려는 잘 받아들이지 않지요.

왜냐하면 마음이 밑으로 가 있으니까

향상되는 것은 받아들이지 않는 겁니다.

마음은 화살과 같아서

한 번 방향을 정하면 잘 바뀌지 않지요.

그러기 때문에

완전하고 청정한 믿음을 가져야

마음이 바르게 세워져

인생의 문제를 다 풀 수 있습니다.

참마음으로 사는 사람은

나한테 닥친 어떤 불행조차도 절대 긍정으로 받아들이고

항상 밝음으로 희망으로 나아가지요.

지금 이대로 현재의 삶 모두를

축복으로 감사하게 받아들일 수 있으면

참마음으로 사는 사람입니다.

이 참마음은 온전합니다.

이것은 진실입니다.

지혜의 눈으로 보세요

'나는 죄가 많다. 전생의 업보다.'

하며 크게 한 번 웃을 수도, 기뻐할 수도 없는

고통의 삶을 산 어머니가 있습니다.

정신지체 장애를 가진 아들을 둔 어머니입니다.

그런 경우에 대부분의 사람들은

'내가 전생에 무슨 업보가 많아서 저런 자식을 낳았나.'

하며 근심 속에 살지만

지혜의 눈으로 보면 그 아들은 장애인이 아닌

영적으로 더할 나위 없이 훌륭한 아들인 것입니다.

부족한 자식을 얻은 뜻을

마음의 눈으로 볼 수 있어야 합니다.

모든 자존심을 내려놓고

겸손해지고, 온유해지고, 어려운 사람들을 돌아보며

모든 사람을 정성스럽게 섬기라는

깨달음을 주기 위해

그 자식이 그러한 모습으로 온 것입니다.

지금 그 아들은

미숙하나마 자신의 몫을 해내며

홀로서기를 하고 있고

어머니는 아들이 진심으로 거룩하게 보인다고 합니다.

그 어머니는

평생 자신의 아들에게 헌신하고 희생함으로써

인연의 참된 뜻을 알았고

큰 사랑을 배울 수 있었던 겁니다.

결국, 그 아들로 인해 참으로 거룩한 삶을 사는 것이지요.

지혜의 눈으로 보면

나를 욕하고, 힘들게 하고, 내 인생을 망가트리는 사람은

아무도 없습니다.

오직 내가 깨닫고 지혜로서 덕을 쌓아야 하는 일만 존재합니다.

부부 문제로 상담하러 오는 사람들이 많습니다.

이들은 대부분 평생 욕하고

술만 먹으면 시비를 거는 남편으로 인해

자신의 운명을 탓하며 분노와 짜증을 내며 살고 있지요.

남편이 화를 낼 때마다

'당신 사랑합니다. 건강하세요.'

'당신 뜻 다 이루고 행복하세요.'

라고 진심으로 마음을 전한다면

남편의 태도가 완전히 달라질 텐데

미움과 분노로 인해 그렇게 못하는 것입니다.

그것이 어리석음입니다.

주변에 미운 사람이 많고

가족마저도 싫다고 느낀다면

그것은 자신의 잘못을 뉘우치고

덕을 쌓아야 할 일이 많다는 뜻입니다.

이러한 이치를 모르기 때문에

자신에게만 원치 않는 일이 찾아온다고 느끼고

괴로워하는 것이지요.

정말 행복하게 잘살고 싶다면

끊임없이 생멸하는 이 육체의 마음을 쓰지 말고

우리의 참마음을 쓰게 되면

모든 문제는 풀어지고 다 얻어지는 겁니다.

어떤 경우에도 걱정하지 말아야 합니다.

걱정하면 그때부터 인생은 거꾸로 가는 겁니다.

3장

성공
:
성공하는 사람들의
마음 법칙

성공하는 사람들의 마음 법칙

성공의 법칙은

자신이 하는 일에 자신의 혼(魂)을 심는 것입니다.

혼을 심으려면

자기의 뜻이 거룩해야 합니다.

모든 사람을 이롭게 하는 것이어야 하지요.

밥 먹고 사는 데 뜻이 있으면

혼이 안 나옵니다.

모두를 이롭게 하는 거룩한 일에 혼을 쏟아부으면

우주의 힘이 감응하여

내 뜻이 이루어지게 돕습니다.

쉽게 말해서 하늘이 돕는다고 생각하세요.

그 뜻이 거룩하고 이타적이기 때문이지요.

그것이 우주의 정신이고

우주의 마음이기 때문입니다.

성공하는 사람의 마음의 황금율은 7 : 3입니다.

현실을 7로 하여 바탕에 깔고

혼을 쏟아 붓는 겁니다.

아무리 거룩한 일도

현실을 무시하면 환상이지요.

성공하는 사람은

세상을 읽는 지혜를 갖고 있습니다.

지혜와 자연법칙이 씨줄과 날줄이 되어 주지 않으면

성공할 수 없습니다.

싸이가 대박 낸 진짜 이유는?

운동선수, 연예인, 음악인 등
체육 문화계에서 뜨는 스타들에게는
공통점이 있습니다.

체육을 하든, 음악을 하든, 무엇을 하든
내가 하는 이 일을 통해서
많은 사람을 기쁘게 하고
용기를 갖게 하고
희망을 갖게 하는 데 기여하겠다는
뚜렷한 가치관이 있다는 것입니다.

2012년 우리나라 대중가수 한 명이

미국의 빌보드 음원 차트를 장기간 석권하며

대신화를 일구어 냈지요.

그는 전성기도 있었지만, 한동안 인기가 추락했었고

여러 가지 문제를 일으켜

사실상 재기가 어렵다고 회자되었던 사람입니다.

아이돌 스타도 아닌 그가

삼십대 중반의 나이에

화려하게 재기에 성공한 것은 결코 우연이 아니었던 겁니다.

사람들이 가기 싫어하는 군대를 두 번이나 가야 했으니

건드리면 폭발할 것 같은 화를 안고 군 복무를 시작했겠지요.

첫 번째 장병 위문 공연을 하게 되었을 때

사회적 물의를 일으켜 군대를 두 번씩이나 와야 했다는

자괴감과 장병들의 시선에 대한 두려움……

'장병들이 멸시하며 야유를 보내지 않을까?'

그런데 뜻밖에도

장병들은 큰 박수와 환호로

그를 맞이해 주었던 것입니다.

그날 그는

장병들의 환대가 뼈에 사무치게 고마워서

자신의 모든 힘을 바쳐서

혼을 다해

그들을 즐겁게 하기 위한 공연을 했다고 합니다.

그는 자신이 재기에 크게 성공할 수 있었던 것은

최악의 상황이라 생각하며 절망했던 두 번째 군 복무였지만

거기에서 자신의 사명을 깨닫고

오직 장병들을 최대한 즐겁게 하기 위해

매 순간 최선을 다했던 그 공연들 덕분이었다고

회고했지요.

싸이

그가 대박 낸 진짜 이유는

군대생활을 채우기 위해

마지못해 공연을 한 것이 아니라

춤과 노래로써 장병들을 진정으로 즐겁게 하고 위로하기 위해

그의 혼을

바친 것입니다.

그 혼에서 우러나온

이타심과

감사하는 마음이

내면으로부터 무한한 능력을 이끌어 내서

세계인을 즐겁게 하는 공연을 계속하게 하는 겁니다.

성공한 사람들에게는 그들이 무엇을 하든
자신이 하는 일을 통해서 많은 사람을
기쁘게 하고, 용기를 갖게 하고, 희망을 갖게 하는 데
기여하겠다는 뚜렷한 가치관이 있습니다.

부러지지 않는 희망과 사랑을 위하여

세계 팝음악 사관학교라고 불리는 버클리 음악대학에

한국인 최초 '총장 장학생'으로 입학한

열여섯 살의 소녀 강채리양.

그녀는 넉넉하지 않은 가정 형편 때문에

정규 음악교육을 한 번도 받은 적이 없고

집에는 피아노도 한 대 없었다고 합니다.

그녀의 유일한 배경은

교회 부목사의 딸이었기에

여섯 살 때부터 교회에서 음악 선교사로 활동하던 어머니께

피아노를 배웠다는 것뿐이었지요.

음대생이었던 교회 선배 언니에게 배운

재즈 음악의 매력에 푹 빠져 있던 그녀는

초등학교를 졸업한 뒤

바로 재즈 전문 아카데미에 등록했습니다.

그 후 버클리 음대에 진학할 만큼의 실력을 갖추었지만

집안 사정 때문에 진학을 포기하였는데

그녀의 사정을 알게 된 학교 측에서

학비와 기숙사비, 생활비까지 지원할 것을 약속하여

꿈에 그리던 버클리 음대에 입학하게 되었답니다.

그녀는 자신의 음악 활동 목표를 이렇게 말했지요.

"저는 제 자신을 위해서가 아니라

제 음악을 듣는 모든 사람에게

부러지지 않는 희망과 사랑을 주기 위해서

음악을 합니다.

빈민가 아이들에게 악기 연주를 가르쳐

폭력과 가난으로 물든 사회를 교화했다는

베네수엘라의 '엘 시스테마' 오케스트라처럼요.

그것이 제 음악의 최종 목표입니다."

자신의 재능을 통해 자신의 사명을 깨달은

그 어린 소녀의 마음이 대승 보살심입니다.

오로지 고통과 절망하는 사람들에게

부러지지 않는 희망을 주기 위해서 연주하는

그녀의 음악은

거룩하고 복된 음악이 되어

많은 사람들에게 기쁨을 주고

힐링이 될 것입니다.

'생활의 달인'되는 특별한 노하우

삼 년이면 충분히 갖출 수 있다는

초밥을 만드는 기본 자세와 노하우

하지만 그것만 갖추었다고 해서

맛있는 초밥이 나오지는 않는다고 합니다.

초밥을 만드는 일에 혼을 바쳐 20년을 하다 보면

누가 먹어도 입에서 녹는 초밥이 된다고 하지요.

초밥의 밥알에 자신의 혼을 불어넣어야

비로소 초밥의 달인이 된다는 겁니다.

그것은 누가 가르쳐 주어서 되는 것이 아닙니다.

스스로 체득하고 오직 일념으로 노력하는 사람의 몫이지요.

성공의 비결은 그 분야의 달인이 되는 것이고

달인이 되는 비결은 자신이 하는 일에

자신의 혼을 집어넣는 것입니다.

똑같은 일을 수십 년 해도

누구는 달인이 되고, 누구는 밥 먹고 살기도 힘든 이유는

그 일에 혼을 담지 않기 때문입니다.

자신의 일에 혼을 담는 사람은 무엇을 하든 성공할 수 있습니다.

대전에는 '빵집의 성지'라고 불리는 유명한 빵집이 있습니다.

그 앞을 지나다 보면 수많은 사람들이

빵을 사기 위해 줄을 서서 기다리는 진풍경을 보게 됩니다.

정직한 재료로 성심껏 빵을 만들어서

고객에게 만족과 감동을 주고 손님들이 맘껏 시식할 수 있도록

각종 빵들을 푸짐하게 잘라서 내어 놓는다고 합니다.

그 넉넉한 베품의 마음과 빵 만드는 일에만

50년 동안 혼을 담아 종사하고 있기에

날마다 손님들이 줄을 서고 있는 겁니다.

붕어빵을 굽든, 유명한 바게트를 운영하든

중요한 것은

마음을 경영하는 것임을 알아야 합니다.

비록 구멍가게를 하더라도

세계적인 기업을 운영한다는 마인드를 가져야 합니다.

이 일을 통해서

나와 모든 사람을 이롭게 한다는 마음으로

운영해야 한다는 것이지요.

그런 마음 씀이 있을 때

우주 법계는 그 뜻을 알고

일체를 복되게 하는 그 일이 가능하도록 돕는 겁니다.

나 하나 잘 먹고살기 위해서 어떤 일을 하면

딱 밥 먹고 살 일밖에 생기지 않음이

법계의 진리임을 마음에 새기십시오.

국밥을 팔거나 된장찌개를 팔아도

그 음식을 팔아서 돈을 벌려고 하니까 안 되는 겁니다.

달인들이 운영하는 가게를 보면

그 사람들은 자신의 마음을 다 줍니다.

맛있는 음식에다 손님을 섬기는 마음이 담겨서 따라가는 거지요.
그러다보니 대박이 나는 것입니다.

항상
자신의 혼이
들어가 있는 겁니다.

이 음식을 먹으면 누구든지 기쁘고 행복하여
다시 오게끔 만드는 겁니다.
그러다 보니 음식을 맛있게 만드는 것은 기본이고
거기에다 마음까지 듬뿍 주니
대박이 날 수밖에 없습니다.

우리 식당에 오는 모든 손님은
배만 고픈 것이 아니고
마음도 고픈 것임을 마음의 눈으로 헤아릴 수 있으면
대박이 납니다.

우리 식당에 오는 모든 손님은
배만 고픈 것이 아니고
마음도 고픈 것임을
마음의 눈으로 헤아릴 수 있으면
대박이 납니다.

믿는 만큼 크는 아이들

미국 시카고에는 지적 장애자, 저능아, 진짜 문제아인

학생들만 데리고 잘 교육해서 크게 성공시킨

마바 콜린스라는 위대한 교사가 있습니다.

'이 세상은

너희들이 노력한 만큼

너희들이 수고한 만큼

너희들이 애쓴 만큼

반드시 얻어진다.'

'나는 너희들을 사랑하고

너희들이 아무리 잘못되어도
끝까지 사랑하고
너희들이 잘될 때까지
항상 나의 최선을 다해 가르치겠다.'
그 교사는 아이들에게 항상 이렇게 말했다고 합니다.
아이들이 초등학교 6학년이 되면 인문, 철학, 사회를
대학 졸업반 수준까지 알 수 있게 지도하고
세익스피어, 괴테까지 다 읽어 내는 그런 능력까지
갖추게 했다고 합니다.

마바 콜린스 교사는 또 이렇게 말합니다.
"사람에게 능력은 필요 없다.
타고난 실력도 필요 없다.
오로지 현재에
내가 이 사람에게 무엇을 주고, 어떻게 사랑하고
스스로 어떤 노력을 하느냐에 따라 결정되는 것이다.
우리가 완전히 열린 마음으로
세상의 모든 아이들을 받아줄 때
세상에는 어떤 문제 아이도 없다."

학생들은 교사가 믿는 만큼 성장합니다.

그러니 교사는 학생을

훌륭한 학생, 부족한 학생으로

분별해서는 안 되겠지요.

나누지 마세요.

항상 능력을 초월해서 하나로 보고

진실한 자비와 지혜로 믿고 길러서

세상을 위해 자신의 혼을 불태우는

정말 공경받는 인재로 길러야 합니다.

교사가 자신의 혼을 바쳐서 학생을 가르칠 때에만

그 제자는 자라서 무엇을 하든

그 분야에서 최고로 공경받는 인재가 될 수 있는 겁니다.

교사의 혼이 들어가지 않은 교육으로는

그 어떤 교육 방법과 교육 자료로도

학생의 참마음을 움직일 수 없습니다.

교사가 혼을 바쳐 학생들을 잘 가르쳐서

그 아이들이 큰 꿈을 꾸고

인류를 이롭게 하는 삶을 살아가게 한다면
교사로서 위대한 보살행을 하는 것입니다.

'교육의 질은 교사의 질을 능가할 수 없다.'
라는 말이 있습니다.
교사가 학생에게 거는 기대가
실제로 학생의 성적 향상에 큰 영향을 미친다는 것을 입증한
로젠탈 효과에서도 보듯이
아이들은 교사가 믿는 만큼 성장합니다.

교사가 제자에게 어떤 성취를 이루기를 기대하고
그것이 이루어질 것이라고 굳게 믿고
간절히 바라면서 사랑과 혼을 불어넣으면
제자도 선생님의 바람대로 이루고자 노력하기에
자성적 예언의 힘이 잠재된 혼을 일깨워서
그 바람이 현실에서 이뤄지게 되는 것입니다.

정치, 큰 삶으로 승부하라

구두를 닦든, 공사장에서 막노동을 하든
대통령이 되어서 국정을 운영하든
사실은 한마음입니다.
우리가 어떤 일을 하든지
세상을 위하고 사람을 위해서 일해야 한다는 본질은
동일한 겁니다.

정치인은
공직자에 속하지만 공직자와는 다릅니다.
정치인은
국가의 비전과 국민이 살아갈 방향을 제시해서

국민들이 그런 방향으로 희망과 꿈을 가지고
용기를 가지고 나갈 수 있게 비전 제시를 해 주는 것이
매우 중요합니다.
그런 비전이 보이지 않을 때
국민들은 힘들어 하는 겁니다.

선거에서 승리한 정치인이 꼭 알아야 할 것이 있지요.
'내가 똑똑하고 훌륭해서 나를 찍어준 것이 아니고
유권자들의 삶이 너무 힘들어서
희망을 갖고 자신의 꿈을 이루고 싶어서
나를 뽑아 준 것이다.'
라는 생각으로 진심으로 감사한 마음과
보답하려는 마음을 가져야 합니다.

그러기에 정치인은
자신을 뽑아 준 유권자들의
참된 꿈과 올곧은 희망을 이루어 주는 일에
모든 것을 걸어야 합니다.

국민을 화합하게 하고
비전을 제시해 주어야 하고
모든 일에 있어서
사적인 것보다는 공적인 것을
우선해야 합니다.

정치인이나 기득권층이
멸사봉공의 솔선수범이 안 되면
국민들은
무엇을 믿고 열심히 정직하게 살아야 하는지에 대한
회의를 갖게 되는 거지요.

정치인은
국민에게 희망과 용기와 꿈을 주어야 하지요.
백 년, 이백 년, 천 년의 꿈을 가지고 정치를 해야 합니다.
국가와 민족을 이런 방향으로
'내가 한번 부흥시켜 보겠다.'
하는 비전과 마인드를 가져야 합니다.

결국은 모든 것은 진여일심을 쓰는 것입니다.

항상 베풀고 사랑하고 남을 이롭게 하고

늘 동참하여 이끌어 가는 마음을 가져야 하는 겁니다.

남보다 더 큰 이타심과 헌신과 사명감을 가져야지요.

정치인들은 여당과 야당의 존재 이유를 망각해서는 안 됩니다.

그들은 과거 우리 민족과 국가를 지켜온 선조들을 위해서

현재를 살고 있는 이 땅의 국민을 위해서

또 미래의 후세들을 위해서

국가를 번영시켜야 하는

위대한 책무성을 가지고 존재하는 것입니다.

정권을 꼭 내가 잡아야 한다는 것은

극히 이기적인 발상입니다.

내 뜻대로 되어야 하고

내 뜻대로 세상을 움직이려 하는 것은

매우 위험한 아만심입니다.

그런 생각을 버렸을 때

진정으로 내 뜻대로 살 수 있고

뜻을 펼칠 수 있는 것입니다.

결국은 능력도 중요하고, 청렴성도 중요하지만
내가 대중 앞에 나아간다는 것
사회의 리더로서 살아간다는 것은
내가 오천 만의 대표이면
오천 만을 어떻게 이롭게 할 것인가를 염두에 두고
자신의 역할을 수행해야 하는 겁니다.

모든 일은 뜻이 거룩하고 정도에 맞으면
우주 법계가 도와서 다 이루어지게 되어 있습니다.

백만장자의 인격은 물질로서 세상을 돌보고
세상을 풍요롭게 만드는 것입니다.
돈이 전부가 아니라는 것을 보여 주고,
자신의 축적한 부를 사회에 환원하는 모범을 보여 줌으로써
길이 빛나는 기업인이 되는 것입니다.

백만장자의 마음경영

기업은 늘 고객에게 기쁨과 감동을 주어야 합니다.

그래야 기업인도 가치 창조가 이루어집니다.

내가 백만장자라면

백만장자로서의 인격도 함께 갖추어져야 하는 것이지요.

백만장자의 인격은

내가 가진 이 물질로써

내가 세상을 돌보고

세상을 풍요롭게 만들어 내는 것입니다.

돈을 모으는 것이 전부가 아니라는 것을 보여 주고

자신이 축적한 부를 가치 있게 사회에 환원하는

모범을 보여 줌으로써

길이 빛나는 기업인이 되는 것이지요.

기업 경영은 사람 마음을 움직이는 것입니다.

대기업을 이루려면

수만 명의 마음을 움직일 수 있어야 합니다.

대기업의 총수라는 사람이

겨우 사리사욕만 채우고자 애쓴다면

누가 보아도 존경스럽지 못하게 보일 겁니다.

기업 경영은 돈으로 하는 것이 아니고

결국은 마음의 크기로 하는 것입니다.

우리나라 양대 기업의 창업주 고故 J회장, L회장은

불모지에서 출발하여

대기업을 이루어 가는 과정에서

국가나 민족에게도 큰 도움이 되는 보살행을 한 것입니다.

그들은 기업 경영에 자신의 혼을 바쳐 보살행을 하다 보니

큰 기업가도 되었고 큰 부도 누리게 된 것이지요.

그들은 기업의 이윤 창출을 위해서 경영을 했지만

궁극적으로는 모든 사람의 삶의 질을 향상시키는 데

기여했던 것입니다.

기업인은 고객을 감동시키고 행복하게 해 주어야 합니다.

고객의 삶의 질을 높이는 것에 초점을 두는

마인드가 중요하지요.

그런 목표를 가지고 경영하는 사람만이 성공을 합니다.

한국인만이 만족하는 자동차를 생산하여 한국에서만 판매한다면

한국인만의 자동차이지만

세계인이 만족하는 자동차를 생산하여 세계에서 판매한다면

세계인의 자동차가 되는 것입니다.

벤츠나 BMW 등의 브랜드는

세계 각국의 소비자들이 그 차에 만족하기 때문에

가능한 일이었습니다.

기업인은 자사의 생산 활동과 서비스 산업을 통하여

모든 사람들의 삶을 업그레이드시키는 데

크게 기여하고 있고

문화 발달에 한 몫을 담당하고 있다는

자긍심이 있어야 합니다.

그래야 모두를 기쁘고 이익되게 하는

사랑받는 기업으로 성장할 수 있을 것입니다.

죄와 벌, 그리고 사랑의 하모니

청송 교도소에 수감된 어느 죄수는

너무 난폭하게 굴어서 항상 독방에 갇혀 있었답니다.

그런 사람을 어느 교도관이 완전히 교화시켰다고 하지요.

아무리 욕을 하고 난폭하게 굴어도

끝까지 당신을 사랑한다고 했다고 합니다.

그 수감자는

지금까지 누구도 자기를 인정해 주고

사랑해 준 사람이 없었던 겁니다.

그를 교화한 교도관은

마음에 철벽을 쌓고

분노로써 자신의 존재를 표출하고 있는 그 수감자를
끝까지 포기하지 않고 혼을 담은 교화를 함으로써
그가 사랑을 믿게 한 것입니다.
영화 '하모니'에서도
두 여자 교도관은 수감자들을 교화하는 방법에 있어서
매우 상반된 모습을 보여 줍니다.
젊은 교도관은 수감자들을 '언니', '선생님'이라고 부르며
인격적으로 대하고 음악을 통한 교화를 시도하지요.

반면 중견 교도관은
'571번', '이런 버러지 같은 것들'
등으로 표현하며 원칙을 준수한다는 명분 하에
수감자들을 철저히 쓰레기 취급을 합니다.

결국 휴머니즘으로 교화하려는 젊은 교도관에 의해
스스로를 학대하며 마음을 닫고 있던 여성 수감자들이
합창을 통해 교화되는 모습을 잘 보여 줍니다.

나날이 넘쳐나는 범죄

처벌 위주로는 답이 없습니다.

재발 방지 방안과 갱생에 초점을 맞추는 교화 정책이

절실히 필요합니다.

죄에 대한 처벌은 당연히 받되

문제의 본질을 명확히 알고 참회할 수 있게 하여

다시는 그 범죄를 저지르지 않게 하는 것이

중요한 것입니다.

세상에서 일어나는 모든 범죄에 대해 정죄하고

처벌을 해서 해결될 것 같았으면

세상은 벌써 청정 낙원이 되었겠지요.

벌을 주어서 해결되는 것이 아닙니다.

범죄자들의 진정한 갱생이 이루어져야 합니다.

그것은 그들이 진정한 참회로

본래 거룩한 참 성품을 회복하게 하는 것이지요.

범죄자의 심리를 분석하고 그 범죄 배경에 대한

충분한 이해를 할 수 있어야 합니다.

영화 '하모니'의 젊은 교도관처럼

범죄자들이 저지른 죄와 별개로

깊은 인간애로 그들을 배려하고, 존중하며

이끌어 주려는 사명감이 필요합니다.

단순하게 처벌만 해서는

범죄는 그치지 않을 것입니다.

삼재가 들은 삼 년 동안은
'삼덕三德을 쌓는 해이구나' 하고 거꾸로 받아들이세요.
몸, 마음, 지혜로써 덕을 쌓아서
그 향기를 모든 사람들에게 바치라는 뜻입니다.

성자가 된 노숙자

어느 노숙자는

지체 부자유자로 걸을 수도 없고

아무 일도 할 수가 없었습니다.

사람들은 아무도 그를 거들떠보지도 않았지요.

그는 어느 마을의 다리 밑으로 거처를 옮겼습니다.

어느 날부터 하천 주변의 쓰레기들이 눈에 들어와서

저것이라도 주워 보자 하는 마음으로

하루 종일 맨손으로 그것들을 줍기 시작했습니다.

하천 주변이 깨끗해지니까

동네 사람들이 고마워하고 칭찬을 하며

그 사람을 존중하게 되었습니다.

그는 사람들의 찬사에 신이 나서

청소 구역을 점점 확대하여

그 하천 주변을 다 청소하기 시작했습니다.

매일 같이 해가 뜨면서부터 어둑해질 때까지 청소를 했습니다.

그러자 동네 사람들이 그를 위해

살 집과 살림을 마련해 주었습니다.

주변 마을에서까지 그 사람에게

관심을 보이고 도움을 주었습니다.

그리하여 이 사람은 진정한 기쁨을 느끼게 되었습니다.

이 사람은 자신의 할 일을 찾아서 기쁜 것이고

다른 사람들로부터 인정받으니 행복한 것입니다.

지금까지는 자신을 쓸모없는 인간이라 생각하고

항상 비관적으로 살았던 것이지요.

이 세상에는 불필요한 사람도 없고

저주받은 사람도 없음을 명심해야 합니다.

모두가 똑같이 소중한 존재입니다.

모든 일에 감사하는 그 향기는 세상의 밝은 빛이 되지만

마음에서 불평, 미움, 원망이 일어나면

그 썩은 냄새가 천지를 진동하게 됩니다.

물질이 썩는 냄새는 잠시이지만

마음의 썩는 냄새는 세상을 암흑으로 만듭니다.

성공을 부르는 완전한 사랑

삶에서 오는 여러 가지 고난은
내가 탐내고, 성내고, 어리석고, 게으르고,
교만함으로 인해 스스로 지어서 받는 재앙입니다.

흔히 12간지별로 돌아오는 삼재三災를 걱정합니다.
삼재가 들어 왔다고 할 때
마음에서 무시할 수 없다면
항상 참회하고 신身, 구口, 의意로 덕을 쌓으면 됩니다.
그러면 재앙이 소멸되고 반대로 복을 얻게 되지요.
뿌리만 썩지 않으면 나무는 계속 자랄 수 있듯이
재앙이 오는 근본을 알면

삼재의 액난은 벗어날 수 있는 것입니다.

삼재가 들은 삼 년 동안은
'삼덕三德을 쌓는 해이구나' 하고 거꾸로 받아들이세요.
몸, 마음, 지혜로써 덕을 쌓아서
그 향기를 모든 사람들에게 바치라는 뜻입니다.

바른 행동, 바른 뜻, 바른 말로서 공덕을 쌓으세요.
항상 덕스럽게 행동하고
온유하게 말하며
밝고 긍정적인 생각을 하면
우리 몸의 세포 하나하나가 광명으로 변하는 겁니다.
이렇게 몸으로 부지런히 복을 지어서
주변을 훈훈하게 하고
인간애가 넘치는 삶을 살면 되는 겁니다.

마음을 밝게 쓰는 사람은
항상 긍정적인 마음과 감사한 마음을 쓰고
자비롭고 이해심이 깊지요.

항상 선한 마음, 기쁜 마음, 감사한 마음을

주변의 모든 사람들에게 바치는 겁니다.

이렇게 마음을 쓸 때

세상에서 가장 아름다운 향기가 나는 겁니다.

모든 일에 감사하세요.

'우리 아이가 공부는 못해도

학교는 열심히 가고

나쁜 짓은 안 하니 감사합니다.'

모든 일에 감사하는 그 향기는

세상의 밝은 빛이 되지만

마음에서 불평, 미움, 원망이 일어나면

그 썩은 냄새가 천지를 진동하게 됩니다.

물질이 썩는 냄새는 잠시이지만

내 마음에서 나는 분노의 냄새는

백천 세계를 다 암흑으로 만들어 버립니다.

인생 살면서 갖추어야 할 최고의 덕목은 지혜입니다.

지혜가 없으면

왜 이런 남편을 만나고 왜 이런 아내를 만났는지

왜 나에게 이런 일이 생기는지를 모르는 겁니다.

인과因果를 모르기에

인생 문제가 해석이 안 되는 것이지요.

인과를 안다는 것은

절대 긍정으로 받아들인다는 것입니다.

마음을 쓸 때는

흔들리지 않는 참마음을 써야 합니다.

이기심으로 내 욕심으로 쓰는 것이 아니고

이타심으로 진여일심을 써서 상대를 사랑해야 합니다.

진여 일심眞如一心, **중도**中道**는**

탐냄, 성냄, 어리석음, 게으름, 교만함이 완전히 제거된

우리의 참생명이고 우리의 본 성품입니다.

우리가 사는 수준은 우리 마음의 수준입니다.

참생명의 마음을 깨닫지 못하고, 쓰지 못하면

우리는 승리자의 삶을 살지 못합니다.

마치 어릴 때 아버지와 헤어져 객지에서 떠도는 사람이

고향으로 돌아가기만 하면

물려받을 재산이 엄청나다는 것을 모른 채

지금도 구걸을 하며 빈궁하게 사는 모습과 같지요.

승리자의 안목 眼目을 가져라

육안肉眼으로 세상을 보면 답이 없습니다.

우리가 눈으로 볼 수 있는 것은

겨우 한 마디의 손가락 깊이에 불과하기 때문입니다.

육체의 눈은 우리 몸이 죽으면 썩어 없어지지만

마음의 눈은 썩지 않아요.

영원한 생명입니다.

우리가 인생의 고통에서 벗어나

영원한 승리자로 살기 위해서는

육안에서 벗어나 마음의 눈을 떠야 합니다.

마음의 눈은 깨달음의 깊이에 따라

하늘의 눈, 지혜의 눈, 진리의 눈으로 열리고

부처의 눈을 얻으면 완성된 사람이고

성자가 된 것입니다.

우리 육체의 눈은 지성과 감성으로써 보는 것입니다.

그 눈은 아무리 생각하고 아무리 궁리를 해도

나에게 유익한 것만 보고 내 원하는 것만 봅니다.

내 욕심대로 본다는 뜻이지요.

천안天眼은 시방세계를 다 보는 눈입니다.

내가 말하고 생각하고 행동하고 믿음을 가지고 있는 것이

어떻게 되는가를 다 아는 것이지요.

생각할 때마다, 내가 행동할 때마다

내가 이렇게 생각하고 이렇게 행동하면

내 미래는 어찌된다는 것을 다 아는 것이지요.

즉, 하늘 무서운 줄을 알고 있는 것이 천안입니다.

대부분의 사람들은 생각하고 말할 때

인과를 생각하지 않고 그냥 말하지요.

내가 남에게 비꼬는 말을 하면

언젠가 내 인생도 꼬이게 되어 있고,

내가 남을 업신여기게 되면

언젠가는 나도 업신여김을 당할 일이 있는 겁니다.

여러분이 정법 신앙으로 천안天眼을 가지게 되면

악한 말, 시비하는 말, 업신여기는 말을

절대로 하지 않게 됩니다.

진리와 하나 된 참마음의 눈을 가지게 되면

어떤 모습을 보든, 어떤 소리를 듣든

어떤 것을 맛보든, 느끼든, 생각하든

모든 것을 신의 뜻으로 받아들이게 됩니다.

칭찬과 비난, 세상의 어떤 상황과 어떤 조건도

다 그 분이 나한테 주시는 것으로 받아들이는 것이

법안입니다.

진리의 눈이지요.

남부럽지 않게 살았던 부부가 있었습니다.

어느 날 부인이 내게 찾아와서 묻습니다.
"스님, 남편과 이혼하고 싶은데 어찌하면 좋을까요?"
"살아야 할 이유도 없고, 헤어져야 할 이유도 없어요."

나를 짓밟든, 매일 나에게 피 눈물이 나게 하든
그 사람이 나를 공부시켜 깨닫게 할 뿐이지
인생에 있어서는 절대적으로 착한 사람도
절대적으로 악한 사람도 없는 겁니다.
내 삶에 반드시 필요하니까 저 사람이 나한테
그렇게 한다고 생각하고
감사하게 받아들이면 되는 것입니다.

참마음의 눈을 가지면 나한테 악행을 하는 것도
나에게 덕이 되고 필요한 일이고
지극히 거룩한 일로 보이고 받아들여집니다.

여러분이 육신의 생각으로 판단할 때는
미운 사람, 원수 갚을 사람이 많겠지만
진리의 실상으로 보면 다 거룩합니다.

사람들은 영적으로 볼 때 너무나 무지하고

눈감은 장님입니다.

육안으로는 꽃, 나무, 하늘, 사람을 다 볼 수 있지만

그것은 견문각지로서 분별하는 것일 뿐

참생명의 실상을 알지 못하는 겁니다.

세상을 용서하고 사랑하게 되면 시방세계가 보입니다.

미래가 보이지 않는다는 것은

세상을 사랑하지 않는다는 뜻입니다.

여러분의 내일이 어떤가를 보고 싶습니까?

내일 잘 사는 것을 보고 싶습니까?

여러분 마음에 있는 원망과 미움을 없애세요.

마음을 비우고, 또 비워서 텅 비어지면

지혜의 눈, 진리의 눈이 열리기 때문에

자동으로 시방세계가 보입니다.

우리 안에 위대하고 한량없는 지혜를 갖춘

위대한 거인이 계신데 왜 밖에서 답을 얻습니까?

삶의 모든 문제는 내 안에 그 분에게 물어야 합니다.

'내가 어떻게 살아야 하나요?'

'이 문제를 어찌 풀어야 하나요?'

그러면 정확하게 답변합니다.

잘 안 들리면 기도하면 됩니다.

진심으로 기도하면 내 안의 그 분이 다 알려 줍니다.

내 안의 그 분은 온전하시고 완전하십니다.

그것이 참성품이고 진여일심입니다.

그것이 우리의 진짜 마음이고 참자아입니다.

4장

인생
:
길 없는
곳에서

35년만에 풀린 고부 갈등

"에미야, 너무 좋다.

내가 이렇게 행복해도 되는 거냐?"

목욕시키고 나서 기저귀를 채워 드리자

89세의 시어머니가 눈물을 흘리며 며느리에게 하는 말입니다.

대전에 사는 김산식씨 부인은

결혼 후 시어머니와 원수처럼 지내지 않은 날이 없었습니다.

아들 하나 못 낳은 죄, 딸만 넷 낳은 죄로

시어머니로부터 갖은 악한 말로 구박받으며 살았습니다.

시어머니만 생각하면 가슴이 두근거렸다고 합니다.

그런데 시어머니를 모셨던 시동생이

시어머니에게 목욕도 안 시켜 드리는 등

함부로 모시는 것을 보고

시어머니를 모셔야겠다고 결심한 지

채 두 달이 안되었다고 합니다.

오랜 고통과 번민의 시간이 흐른 뒤에

스님의 법문을 듣고 나서야 깨달은 겁니다.

결혼 초 자신을 그렇게 구박하던 시어머니를

매일 목욕시켜 드리며 잘 모시니까

시어머니가

'내가 이렇게 행복해도 되느냐?'고 묻는다고 합니다.

그것이 보시입니다.

그녀는 그동안 남편 대신 돈을 벌어 자식들 공부시키고

가정을 이끌어 왔습니다.

그런데도 남편과 시댁 식구들은

고마워하기는커녕 늘 불만이었지요.

시어머니를 모시지 않는다며

원망하는 말만 계속 들어야 했습니다.

"저는 너무나 억울했어요.

나름대로 최선을 다해서 살았는데

남편은 늘 불만이고

시동생도 저만 원망하니까……

하루 빨리 이혼해서 이 굴레에서 벗어나고 싶었어요."

누가 부처인지를 잘 알아야 합니다.

그리고 무엇에다가 복을 쌓아야 되는지를

잘 알아야 합니다.

나를 골병들게 하는 그 사람이 산 부처입니다.

반드시 복을 지어서 해원을 해야 하는 인연과

원결이 맺혀 있다 보니 다른 일을 아무리 잘해도

되는 일이 없었던 겁니다.

내 안에 자성이 발동하면 내가 하는 모든 것은 덕이 됩니다.

우리들 마음속에서 자성이 발동되지 않으면

우리가 하는 것은 다 위선과 가식과 허위입니다.

알고 하든, 모르고 하든 가식입니다.

내가 나의 참마음을 모르고 사랑하는 가족한테 열심히 했다면 모르고 했기에 가족이 잘못하면 미운 생각이 들지요.

마음의 중심에서 한 것이 아니기 때문에 그런 겁니다.

누가 참 부처인지를 모르고 했기에 잘못하면

서운하고 억울하고 원통하게 되는 겁니다.

"그동안 마음속에 시어머니에 대한 미움과

남편에 대한 원망을 가득 담아 둔 채

아이들 키우고, 먹고사는 일에만 최선을 다했다는 것을

깨달았습니다.

스님 법문을 듣고 한 순간

남편도, 시어머니도 부처님으로 대해야겠다는

생각이 들었습니다.

지금은 시어머니가 너무나 기뻐하고

남편과도 사이가 좋아져서 너무 행복합니다."

"스님의 법문을 듣지 못했더라면

제 인생이 어떻게 되었겠어요?

저는 정말 이혼하려고 했거든요.

얼마나 감사한지 모릅니다."

두 손 꼭 잡고 함께 법회에 나오는

두 부부의 얼굴이 몰라보게 밝아졌습니다.

행복해 하는 모습에

주변 사람들로부터 축복의 말을 듣고 있습니다.

네가 행복하다면 난 괜찮아

30년 동안 시장에서 장사를 하며 자식을 키워 냈습니다.

그러나 며느리, 딸뿐만 아니라 손자까지도

자신을 힘들게 했습니다.

그러나 그녀는 그것을 업보로 받아들이며 살았지요.

별 보고 나와서 별 보고 들어가며

한눈팔지 않고 앞만 보고 달려왔지만

거꾸로 살아서 업보만 쌓고 살은 겁니다.

지혜로 보았어야 하는데 지혜로 보지 못한 겁니다.

성실하게 열심히 살았지만 지혜가 없었던 겁니다.

아들은 폐인이 되다시피 하고 손주들까지 맡아 기르며

그렇게 힘들게 했던 그 뜻을 몰랐던 겁니다.

뜻을 알아차리고 불평불만하지 않고

자신을 저주하지 않으며 모든 것을

감사히 받아들였어야 했지요.

며느리가 자식을 버리고 가출했을 때도

그 며느리를 독하다며 욕하고, 원망할 것이 아니라

'오죽했으면 네가 그랬겠니. 네가 행복하다면 난 괜찮아.

네가 못한 것까지 돌보아 줄 테니 너라도 행복해라.'

하고 마음을 바꾸었어야 했지요.

사실 그렇게 마음을 쓰는 것이

인간적으로는 불가능하지요.

하지만 믿음이 있으면 충분히 가능한 일입니다.

모든 것은 내게 덕을 쌓으라고

불행이 오는 것이기에

기쁘게 받아들이면 그때부터 발복이 되고

그때부터 성불의 삶이 시작되는 것입니다.

그것이 보살행입니다.

늘 보살행을 말하면서 현실적으로 부딪히면

보살행을 전혀 하지 않아요.

보살행이 무슨 뜻인지를 모르는 겁니다.

보살행은 내가 좋고 내 뜻에 맞아서 할 수도 있지만

대부분 내 마음을 거슬러 오기 때문에

그것을 지혜로 깨달아서 다 받아들이면

지혜의 향기가 충만하게 되는 것입니다.

모든 것은 내게 덕을 쌓으라고 불행이 오는 것이기에

기쁘게 받아들이면 그때부터 발복이 되고

그때부터 성불의 삶이 시작됩니다.

그것이 보살행입니다.

금쪽같은 아들을 보내고

혼자 힘들게 키운 금쪽같은 아들을 사고로 잃은

어머니가 있습니다.

지난 여름 모 전자회사의 현장 폭발 사고로

스물여섯 살의 너무나 잘생긴 아들이

현장에서 목숨을 잃었답니다.

그 아들이 두 살 나던 해 남편과 이혼하고

식당에서 허드렛일을 하면서 아들을 키웠고

대학을 졸업하여 취직까지 하자

좋은 직장에 다니게 되었다며

그렇게 좋아했었답니다.

삶의 전부였던 아들을 잃고 그녀는

완전히 제정신이 아닌 생활을 하고 있었습니다.

꿈도 희망도 남아 있는 게 하나도 없었지요.

그러던 중에 방송으로 제 법문을 보고

자식의 죽음이

자신이 죄가 많아 받은 업보가 아님을 알고는

그렇게 울었다고 합니다.

우리의 본 성품 자리에서 보면 업보는 없습니다.

그렇다고 인과가 없다는 말이 아닙니다.

지옥에 가는 것도 본성을 깨닫게 하는 과정일 뿐입니다.

자식의 죽음을 통해

그 어머니가 깨달을 것이 있는 것이지요.

어떤 부모는 자식이 죽은 뒤

그 자식의 뜻을 살려 대학을 설립하기도 하고

학교 폭력으로 자식을 잃은 부모는 그 아픔을 계기로

학교 폭력 예방에 앞장 서기도 하지요.

이성적으로는 죽은 자식은 안 놓아집니다.

그것은 자식이 죽은 뜻을 모르기 때문입니다.

자식이 죽었을 때 그것을 절대 긍정으로 받아들이고

부모가 웃어야 아이가 해탈하는 것입니다.

웃지 않으면 어머니도 해탈이 안되고

아들도 해탈이 되질 않습니다.

진리로써 감사해야 합니다.

설사 자식을 죽인 원수라도 양자로 받아들여서

미움을 사랑으로 승화시킬 수 있을 때

그것이 진정한 사랑이고, 진리의 참된 삶입니다.

빚만 떠안기고 떠난 남편, 그 후

부부간의 사랑이 무엇인지도 모른 채

20년을 산 사람이 있었습니다.

밖으로만 돌았던 남편은 여자 문제 아니면 도박으로

일생을 괴롭혔지요.

그랬던 남편이 빚만 잔뜩 남겨 놓은 채

제 발로 집을 나가서 연락을 끊었습니다.

빚을 남겨놓고 떠나기는 했지만

대복을 받았다고 생각하고 감사해야 합니다.

남편이 떠나기 전 그녀의 인생은

오직 자나 깨나 남편 미워하는 일뿐이었습니다.

그녀를 괴롭힌 것은 남편의 바람과 빚이 아니라

남편을 미워한 스스로의 마음이었던 거지요.

그렇게 하면

영원히 풀리지 않습니다.

계속 미워한다면

여든 살이 되어도

그녀의 인생은

풀리지 않았을 겁니다.

왜냐하면 자신의 인생은 제쳐놓고

미친 짓하는 남편 때문에

분노하고 절망하는 인생을 살 테니 말입니다.

그녀가 남편을 그토록 미워하지 않았다면

남편도 바르게 되고 그녀도 바르게 되었을 겁니다.

그런데 남편이 떠나고 나서야 불법을 만났습니다.

지금까지의 모든 실패와 아픔은

깨달음을 얻기 위한 주춧돌로 받아들이고

이제는 자신의 삶을 성실히 살면

모든 일이 잘되는 것입니다.

누구든지 마음에 미움이 있으면
그 사람은 인생 헛사는 겁니다.
상대가 백 퍼센트 원인을 제공했다 하더라도
미워하는 사람은 답이 없습니다.

누구든지 마음에 미움이 있으면 그 사람은 인생 헛사는 것입니다.
상대가 백 퍼세트 원인을 제공했다 하더라도
미워하는 사람은 답이 없습니다.

장애를 가진 아이를 내게 보낸 뜻

정신지체 장애아를 자식으로 둔 어머니가 있습니다.

그녀의 아들은 학교 다니는 동안에 늘 왕따였답니다.

어머니는 그렇게 부족한 자식을 낳고 길러야 하는

자신의 운명에 대한 원망과 한탄뿐이었지요.

죽을래야 죽을 수도 없었습니다.

자식이 하루라도 먼저 죽길 바랄 뿐이었죠.

그녀는 아들 때문에 납덩어리를 짊어지고 살았던 겁니다.

그게 어리석음이고 무지한 것입니다.

그런 자식을 두고 뭐가 기쁘겠냐고 하겠지만

그것이 기쁠 일이고 축복인 겁니다.

부족한 자식을 얻은 뜻을 진리의 눈으로 볼 수 있어야 합니다.

그 어머니는 자신의 아들에게 헌신하고 희생함으로써

보살행을 한 것입니다.

지혜의 눈으로 보면

그 아들은

장애인이 아닌

영적으로 더할 나위 없이 훌륭한 아들인 것입니다.

아들을 통해 사랑을 배웠고

다른 사람에게 베풀고 살아야 하는 것을 배운 것이지요.

진리의 입장에서 보면
우리 모두는
장애인입니다.
진리의 실상을 보지도 듣지도 못하는
맹인이고
귀머거리이지요.

그 아들이 이제 마흔인데
사십 년 동안 그녀의 인생은
항상 우울하고 항상 불행했던 겁니다.
겉으로 크게 한 번 웃지도 못했지요.

그런 인생을 사는 것은
비극입니다.
누구보다 밝게 웃으며
행복하게 살았어야 했어요.
그렇게 살았더라면
이 아들은
큰 인재가 되었을 겁니다.

지금 그녀의 아들은 작은 장사를 한다고 합니다.

그녀는 너무나 감사하다며 눈물을 흘렸습니다.

우리 인생에는

불행이 없습니다.

있으면 가지고 오세요.

이제는 너무 행복합니다

암 말기 진단을 받은 환자가 있습니다.

그녀의 마음속엔 항상 남편과 시어머니에 대한

미움이 컸었지요.

하지만 지금은 신앙을 통해서 그들을 다 용서하고

자신이 속 좁은 사람이었음을 인정했다고 합니다.

관대한 마음으로 지난 삶을 참회하고 감사하며

병의 완치와 상관없이

삶을 기쁘게 받아들일 수 있게 된 것입니다.

"스님, 이제는 너무나 행복합니다."

용서, 감사, 참회가 모든 문제의 근본입니다.

그렇다고 포기한 것이 아닙니다.

살면서 겪는 모든 문제는

참생명의 실상이 내게 던지는 시험이기에

생각으로 분별하는 것으로는 답이 없습니다.

자기의 참마음이 어디 있는지 모르기 때문에

부부 관계가 끊어지고 대화가 끊어진 것입니다.

내 아픔만 생각하지 부인의 아픔, 남편의 아픔은

절대로 생각하지 않는 겁니다.

상대의 아픈 것이 열 개여도

내 손톱 밑의 가시 하나가 더 아픈 것이지요.

우리의 참마음은

이성을 넘어선 이성이에요.

지성을 초월한 지성입니다.

우리가 진리의 눈을 갖추기 전에는

세상을 한쪽만 보고 얘기하니 답이 없습니다.

세상은 광대한데 우물 안 개구리는

바다가 뭔지 모르는 것처럼

대롱으로 허공을 쳐다보고

허공이 요만하다고 하는 것처럼

일생을 그렇게 산다니까요.

지혜의 눈으로 보면

저 일이 내 일이고

저 사람이 나입니다.

남편일이든, 자식일이든, 원수의 일이든

모든 것을 내 일로 보는 것이 지혜의 눈입니다.

남편이 괴로워하는 것도 나의 일입니다.

육체의 눈으로는 3센티미터 이상은 못 봅니다.

영원히 내 코 앞에 있는 일 외에는

아무것도 모릅니다.

뒤에 독수리가 오는지, 탱크가 오는지 모르는 것이지요.

우리의 참마음은 죽어도, 아파도, 괴로워도

항상 또렷합니다.

네 기분 충분히 이해해

'여학생 반에 가서 일주일 공부하기'

'일주일간 혼자 밥 먹기'

라는 벌을 받은 남학생이 있습니다.

학교의 규정을 어겼다는 이유로 벌을 받았는데

그 학생은 그 벌을 받아들이지 않았습니다.

학교에 가지 않으며 화만 내고 있는 아들을

어머니가 법당에 데려와서 저와 상담을 하게 된 것입니다.

한창 예민한 나이에 치욕적인 체벌을 가하게 되면

오히려 증오심을 기르고 아이들을 망가지게 합니다.

아이들이 자존심을 상하게 되면 분노를 일으키고

모두를 증오하게 되지요.

'네 기분 충분히 이해해.
너는 무엇이든 할 수 있어.
그 분이 그렇게 벌을 준 것도
다 너를 위한 것이니
고맙게 생각하고 존경하는 마음을 가져라.'

눈을 마주하고 진심으로 들려 주는 내 말을
그 아이는 받아들였습니다.
아무도 자신의 마음을 이해해 주지 않았으니

엄마에게만 화풀이 하고 있었던 겁니다.
이제는 엄마와도 관계가 많이 좋아졌다고 합니다.

체벌하는 사람이나 체벌당하는 사람이나
항상 자신의 모습을 봐야 합니다.
아무리 악행을 일삼는 사람일지라도
깊은 이해와 존중감 없이 처벌 위주의 체벌을 하게 되면
그 증오가 그 사람을 계속 밑으로 가게 합니다.

자비심을 일으키라고, 사랑을 하라고
그런 사람이 그런 모습으로
내 앞에 나타나는 것이지
그 사람을 체벌하라고 나타나는 것이 아닙니다.
악을 악으로 갚으면 아이의 성품이 망가지게 됩니다.

사람의 마음에 증오심을 갖게 하지 마세요.
그러면 아무리 물질이 풍요롭고 기술문명이 발전해도
사는 것이 항상 불행하고 평화롭지 못합니다.

저 아이만 없었으면

"제발 저 아이만 없었으면……'
이렇게 말하는 어머니가 있습니다.
다른 자식들은 문제없이 자랑스럽게 잘 컸는데
청소년인 딸이 술 마시고, 담배 피우고, 외박하고……
갖은 비행을 일삼고 다니니 늘 창피했던 것이지요.

그 딸한테 물어보세요.
왜 방황하냐고.
공부 못한다고 늘 다른 형제들과 비교당하고
사람 취급 못 받으며 무시당하다 보니
부모에 대한 분노가 쌓여

그런 식의 비행으로 표출하는 것입니다.

공부를 못하는 아이의 인생이 파괴되는 이유는

인정받지 못하고 사랑받지 못해서입니다.

"너 뭐 먹고 살래?

그래 갖고 어디 가서 뭘 할 수 있겠니?"

이런 말을 들은 아이는 어디가도 욕먹는 것밖에 없기 때문에

자존감이 없지요.

요즘의 부모들은 자식을 낳을 줄만 알았지

지혜롭게 기를 줄을 모릅니다.

'우리 아들, 딸의 마음 끝이 어디에 가 있는가?'

그것을 모르면 자식을 바르게 키울 수 없습니다.

지식은 덕을 쌓는 수단에 불과한 것이지요.

지식으로는 인생 문제의 답을 풀 수가 없는 겁니다.

영으로 진리로 가르쳐야 지혜가 증장됩니다.

“스님 법문을 듣고 나니

그 딸이 제 인생의 축복임을 이제는 알겠습니다.”

말썽꾸러기 딸이 자신을 겸손하게 하고

진실하게 세상을 바로 보게 하는 존재임을 알고

그녀는 눈물을 흘렸습니다.

인생이 바뀌었습니다.

그 이전까지는 세상의 기준으로 딸을 보았던 겁니다.

오직 기준을 공부에 두고 보니

공부 못하는 그 딸은 한심한 딸일 뿐

진심으로 사랑을 베풀지 못했던 겁니다.

‘내게 왜 저런 딸이 왜 생겼을까?’

라고 생각하며 저 아이 때문에 기도 못 펴고

큰소리도 못치고 항상 죄인처럼 살아야 하는 것이

불만이었던 것이죠.

그런 반면 딸은 엄마에 대한 반발심으로

더욱 비행을 일삼았던 것이죠.

이것이 다 거짓으로 인생 사는 것이고, 헛사는 겁니다.

인생을 진실로 사는 사람이 몇이나 될까요?
내 앞에서 벌어지는 모든 것이 나를 완성시키고
나를 지혜롭게 하고, 자비롭게 하는 것입니다.

그러함에도 우리는 그것을 갖가지로 분별하지요.
이것이 다 욕심이고 감정입니다.
사람들은 그것을 주춧돌로 삼고 살아가는 겁니다.
너무나 뿌리 깊이 박혀 있어 없어지지도 않습니다.
중생심으로, 욕심으로, 내 감정으로 보는 것은
다 헛된 것입니다.

모든 것을
진리의 실상으로 볼 수 있을 때
우리는
자유로워 질 수 있습니다.

공부를 못하는 아이의 인생이 파괴되는 이유는
인정받지 못하고 사랑받지 못해서입니다.

흔들리지 않는 마음으로

"아들이 모든 재산을 다 탕진하고 이제 오갈 곳이 없는데

아직도 악행이 끊어지지 않으니

어찌하면 좋을까요?

평생 돈 벌어서 재산을 다 주었는데

흔적 없이 다 날려 버리고 이젠 고통만 남았습니다."

어느 노모가

평생 악행만 일삼는 자식이 한이 되어서

눈물을 흘립니다.

자식 문제가 풀어지지 않는 겁니다.

이 문제를 풀고 가겠다고 오셨습니다.

우리가 참마음으로

일념을 이루면

어떤 한도

어떤 응어리도

눈 녹듯이 풀어 버릴 수 있는 겁니다.

우리의 참마음의 자리는

어떤 미움도

어떤 저주도 다 녹입니다.

마음을 깨끗하고 맑은 마음으로 세워야 합니다.

이것은 자기 의지만으로는 안 됩니다.

내가 진여 일심을 쓸 때만

이 문제가 해결되는 겁니다.

이 노모도 자신 안의 본 마음이 움직여야만

자신의 문제를 풀고 자식 문제를 풀 수 있습니다.

악행을 일삼는 그 자식을 믿는 것이 아니라

그 자식의 본 성품을 결단코 믿고

마음의 부동심을 유지해야 합니다.

마음의 절대 부동심을 유지하고

마음에서 모든 미움과 원망이 다 사라지게 되면

그 다음에는 모든 영적인 문제가

내가 원하는 대로 다 해탈이 됩니다.

그러면 자식도 바르게 딱 서게 되는 겁니다.

미움이나 원망이 있는 동안은

아무리 충고를 해도 절대로 자식은 돌아오지 않습니다.

내 참생명의 본마음을 써야

자식의 기울어진 마음이 바르게 섭니다.

그래서 모든 맺힌 것을 푸는 겁니다.

우리는 모든 것을 가능하게 하는

위대한 힘이 내 안에 있음을 모릅니다.

진짜로 믿으면 간단히 해결되는 것을

생각으로 믿기에 이루어지지 않는 것입니다.

진실로 믿어야 합니다.

여러분이 죽고 사는 것을 왜 걱정합니까?

모든 것은 우리의 우주 일심인 본마음에 맡기고

걱정하지 말고

여러분 할 일만 하세요.

그러면 모든 것이 망해도

흥하는 길로 가게 되어 있습니다.

모두가 내 자식입니다

슬하에 자식이 없는 노부부가 학교 앞을 지나다가
운동장에 가득한 아이들을 바라봅니다.

'세상에는 저렇게 많은 아이들이 있는데
어찌하여 우리 부부는 그렇게 애를 썼는데도
자식이 없을까요?'

자식이 있는 보통 사람 눈에는
그냥 흔히 보이는 학생들일 뿐인데
자식이 없는 그 노부부에게는
그 아이들이 그토록 갖고 싶었던

욕심나고 부러운 자식으로 보이는 것입니다.

우주 일심에서 보면

우주 만물은 다 한 몸이고 한 형제인 겁니다.

모든 것을 눈으로 감정으로 보지 마세요.

현실로 현상으로 보지 마세요.

진실로 영으로 본마음으로 보라는 겁니다.

본마음으로 보았을 때

일체의 고통이 사라지게 됩니다.

우리 안에는 위대한 위인이 있습니다.

내 안에 있는 위대한 본마음을 보는 것이 견성입니다.

모든 것을 가능하게 하는 위대한 힘이
내 안에 있음을 우리는 모릅니다.
진짜로 믿으면 간단히 해결되는 것을
생각으로만 믿기에 이루어지지 않는 것입니다.
진실로 믿어야 합니다.

자식 걱정뿐인 어머니의 인생은

어느 집이나 속 썩이는 자식이 하나쯤은 있게 마련입니다.

늘 교도소를 들락거리는 아들을 둔 어머니가 있습니다.

그 아들을 뺀 나머지 가족들은

사회에서 인정받는 삶을 살고 있습니다.

그러나 유독 이 아들로 인해서 어머니는

고개도 못 들고 살아가고 있기에

그 자체가 늘 우울한 겁니다.

'육신의 눈으로 보면 결코 풀어지지 않는 문제입니다.'

'영적인 눈으로 보면 반드시 답이 있습니다.'

214

불교방송에 나오는 제 법문을 듣고

대오각성이 되어서

그 날 깨달아졌다고 합니다.

늘 기도했지만 이 문제가 풀어지지 않았고

어머니는 자나 깨나 아들 걱정뿐이었지요.

'내가 죄가 많구나' 하고 생각한 겁니다.

자기 삶은 없고 오로지 아들에 대한 걱정과 근심이

이 어머니의 인생이었던 겁니다.

이런 삶이 바로 헛사는 것입니다.

세상 일에서는 이렇게 하는 것이 모성애가 강한 것이고

거룩하며 부모의 도리이고 당연한 것이지만

신앙적으로 보면 거꾸로 사는 삶이고

자식을 완전히 망가뜨리는 삶입니다.

부부가 그 아들을 살리려면

그 아들이 나를 위해서 완전히 보살행을 한다는 것을

결단코 믿고 깨달아야 합니다.

또, 그 자식은 이미 부처로서
어떤 경우에도 악행을 하지 않는다는
결정적인 믿음과 사랑을 가지고
본마음 자리에서 말해야 하는 겁니다.
그렇지 않으면 아무리 절하며 도와 달라고 해도
도와 줄 수가 없습니다.
왜냐하면 믿음이 잘못되어 있기 때문이지요.

216

그 어머니는

갑자기 세상이 확 변하더라고 했습니다.

모든 근심이 일시에 없어지면서

그 아들이 부처임이 결단코 믿어지더라는 겁니다.

그 아들을 진심으로 사랑하는 마음과

진심으로 믿는 마음과 진심으로 위하는 마음이

생기더라고 했습니다.

그것이 불법입니다.

어머니가 아무리 걱정해도 그 아들은 좋아지지 않아요.

우리가 자식한테 훈계하거나 타이를 때는

반드시 상대의 진여 본성품에 대한

결정적인 믿음이 있어야 합니다.

그런 믿음이 없는

훈계나 타이름, 헌신은

다 무위로 돌아갑니다.

부모가 아무리 헌신해도

내 마음에서 그 자식을 믿을 수 없다면

그 자식은 돌아오지 않는 것이

법계의 이치입니다.

우리 아들은 반드시 바른 길로 갈 거야

수능을 앞둔 어느 날

시험을 보아야 할 아들이 집을 나갔습니다.

그 부모는 어떻게 해야 할까요?

상급학교 입학하는 데 초점을 맞추지 말고

'나는 네가 건강하게 잘 있기를 바란다.'

'나는 네가 바른 마음으로 집에 돌아오기를 바란다.'

이렇게 사랑하는 마음과 끝까지 믿는다는

염을 보내야 합니다.

'수능 시험을 봐야 하는데, 왜 안 오나?'

하는 생각만으로 조바심 내며 아이를 기다려서는

안 된다는 겁니다.

학교는 내년에 가도 되고, 후년에 가도 되고, 안 가도 됩니다.

사람이 바로 되면 되는 것이지요.

그 아이가 나가서

살생, 도둑질, 거짓말, 마약 등의 악행만 하지 않는다면

그런 방황이 그 아들에게 삶의 양식이 되고

큰 교훈이 될 수도 있는 것입니다.

노심초사 근심하고 걱정하면서

'들어오기만 해 봐라.'

죽었다 살렸다 하는 마음을 계속 가지면

아이는 더 늦게 돌아오게 됩니다.

어떤 상황이 되어도 늘 내 본심을 움직이면 안 됩니다.

물론 공부하지 않고 속 썩이는 자식을 믿기가 어렵지요.

늘 염려되고 사고치지 않을까 조바심 나고

학교나 경찰에서 연락오지 않을까 노심초사하게 되지요.

하지만 그런 불안한 마음으로 자식을 대하면

그 자식은 바른 아이가 되지 못합니다.

아이가 잘못된 행동을 하는 것을 모르고 있다면

그것은 어리석음이지만

잘못된 행동을 하고 있음을 알더라도

그것을 육안으로 보고 지적하고 체벌해서는

안 된다는 겁니다.

‘우리 아들은 반드시 바른 길을 갈 거야.’

지금 저렇게 어긋난 행동을 하고 있는 것은

내가 덕을 쌓고, 복을 쌓고

엎드려 참회해야 할 일이 있기 때문에

그 아이가 그런다고 생각하고

아이의 본 성품에 대해서 믿을 때

이 문제가 다 풀어지는 겁니다.

이것이 위대한 생명의 실상이고 진리입니다.

우리 아이는 반드시 바른 길로 갈 거야.

지금 어긋난 행동을 하는 것은

내가 덕을 쌓고, 복을 쌓고

엎드려 참회해야 할 일이 있기 때문입니다.

찾지 마세요, 돌아옵니다

그 어머니를 처음 만났을 때

그녀는 하늘을 보아도, 땅을 보아도

아무런 답이 없이 절망적인 상태였습니다.

잘 키운 딸이 빙의가 되어서 본 정신을 잃어 버린 것입니다.

걱정 때문에 앞이 안 보이고

뭐를 먹는지, 뭐를 생각하는지 자체가

아무런 의미가 없었지요.

딸을 데리고 처음 제게 왔을 때

제 법문을 듣던 중 그 딸은

제가 잡는데도 뿌리치고 나가 버렸습니다.

쫓아 나가려 하던 어머니에게

절대 따라가지 말라고 했지요.

절대로 찾지도 말라고 했습니다.

어머니가 찾아다니면 답이 없는 겁니다.

그날 그 딸은 맨 발로 나가서

새벽 두 시에 들어왔다고 하더군요.

"찾지 마세요. 무조건 돌아옵니다."

어머니는 제 말을 받아들이고

걱정되지만 딸을 찾지 않았던 겁니다.

만일 그 어머니가 마음이 흔들렸더라면

답이 없었을 겁니다.

그 어머니는 깊은 신앙심으로

지금도 열심히 봉사하며 딸을 위한 기도를 계속하고 있지요.

딸의 상태도 많이 좋아졌습니다.

사람은 어떠한 상태에서도

본래의 자성이

항상

남아 있습니다.

비록 빙의가 되어서 이성을 잃은 상태였지만

본 정신이 있어서 옳고 그름을 다 알고 있었던 겁니다.

그렇기 때문에

그 딸도

헤매다

집으로 돌아올 수 있었던 겁니다.

우리 아들이 바르게 될까요

"스님, 우리 아들이 바르게 될까요."

"바르게 됩니다."

"정말 될까요? 제가 볼 때는 어려울 것 같은데요."

"반드시 됩니다."

"감사합니다. 그렇게 믿겠습니다."

새벽에 나가든지, 저녁에 나가든지

도무지 집에 안 들어오는 아들을 둔 어머니가 있습니다.

공부도 안 하고, 집에도 안 들어오는

아이의 현재 행동으로 보아서는

도저히 믿을 수가 없는 말입니다.

226

'항상 몸조심하고, 가고 싶으면 갔다 와.'
'나쁜 짓은 하지 말고. 나는 우리 아들 믿어.'
하고 보내 주어야 합니다.
왜냐하면 막아서 될 일이 아니니까요.

이렇게 진심으로 말을 하면 문제가 반드시 풀립니다.
사람은 몸을 막아서 되는 것이 아니고
그 사람의 마음을 세워야만 됩니다.

그런데 아들이 들어왔을 때
아버지가 화를 내고 야단을 치니까
바로 다시 나가 버렸답니다.

자식을 기르든, 우리가 모든 길을 갈 때
우리의 본 성품을 보고 가야지
현실을 보고 가면
현실은 늪입니다.
저 언덕에서 나의 주인이 나를 기다리고
나를 안아 주는 것을 확실하게 보고 걸어가면

늪을 걸어가되 악어 머리를 밟고 가는 겁니다.
지금 현재만 본다는 것은
중생심으로 보는 것입니다.

지금의 모습과 상황을 정확히 보되
그 아이의 겉모습과 생각과 하는 말을 보는 것이 아니고
그 아이의 마음의 중심을 보라는 겁니다.
한 생각 바뀌면 부모한테 효도할 수 있고
한 생각 바뀌면 목숨 걸고 공부할 수 있으며
무엇이든 다 이룰 수 있는 아이라는 것을
결단코 믿고 끝까지 나아가야 합니다.

우리가 모든 길을 갈 때
우리의 본 성품을 보고 가야지
현실을 보고 가면
현실은 늪입니다.
저 언덕에서 나의 주인이
나를 기다리고
나를 안아 주는 것을
확실하게 보고 걸어가면
늪을 걸어가되
악어 머리를 밟고 가는 겁니다.

5장

참나
:
그물에 걸리지 않는
바람처럼

참 나는 누구인가?

진정한 '나'는 누구일까요?

'나'라는 것은 참자아인데

본래 나는 우주 참생명으로

완전한 존재입니다.

그것을 인격화하여 부처님, 하느님이라 하지요.

진짜 나는 우주 생명의 분신입니다.

우리는 오로지 이 육체가 '나'라고 착각합니다.

이 육체는 껍데기이고, 도구에 불과하지요.

우리 안에는 이 육체를 부리는

영묘한 힘을 지닌 어떤 존재가 있습니다.

이 존재는 이 몸이 죽어도 영원히 살아 있는

비물질적이면서도 살아 있는 초자연적인 존재입니다.

이 우주를 유지하는 무형의 존재

우주 이전의 태초의 순수 허공이지요.

이것이 나의 본성本性이고

나의 혼魂이고

불성佛性이고

성령입니다.

'육체적인 나'와 '참 자아로서의 나'는

본질적으로 의미가 다릅니다.

'참 자아'의 본질은 우주 일심입니다.

그것을 알아차릴 때부터

나의 존재감이 달라지고, 삶이 달라지는 겁니다.

육체로서의 나는

오온色,受,想,行,識 덩어리입니다.

나의 육체, 나의 느낌, 나의 인식 작용

나의 심리 작용, 나의 알음알이들의 덩어리가

우리의 참성품을 뒤덮고 있는 상태가
육체로서의 '나'입니다.

그 오온은 인연에 의해서 망념으로 생겼다는 겁니다.
본질을 모름으로 인해서
진여 일심을 모름으로 인해서
생긴 것이 오온입니다.

이 오온을 보는 성품이 '참 나'입니다.
'참 나'가 내 몸, 내 느낌, 내 생각, 내 행동, 내 의식을
비추어서 보는 겁니다.

이제까지 우리가 본 것은
육신의 눈으로 본 겁니다.
모든 것을 참마음으로 비추어서 보면
모든 것이 순수 허공으로 비어 있다는 것이지요.
이 세상 모든 것은
그대로 대광명천지라는 뜻입니다.

오온 덩어리인 자아가

산산 조각이 나서 완전히 부서지면

우리의 본성품이 나옵니다.

넋이라고 해도 되고, 혼이라고 해도 됩니다.

이 모든 것이

흔적도 없이 사라져 허공처럼 되지 않으면

우리는 실상을 볼 수 없습니다.

세상의 눈으로 보면 고통이지만

참성품으로 비추어 보면 대광명입니다.

우리는 자기 자신을 진여의 참성품으로

내 육체도 생각도, 느낌도, 감정도, 내 의지도

다 비추어 보아야 합니다.

나의 혼이 늘 나를 지켜보는 겁니다.

내가 누구를 사랑하는지, 미워하는지, 어떻게 마음을 쓰고 사는지

늘 지켜보지요.

미워하는 마음은

나의 참마음이 아니고 손님이에요.

나를 지옥에 집어넣고 지나갑니다.

원망하는 마음도 손님이에요.

나를 삼악도로 집어넣고 지나가지요.

오로지 나의 주인인 참마음만이

나를 영원한 생명으로 이끌어갑니다.

나를 항상 복되게 하고

내 뜻을 다 이루게 하고

내 원을 다 이루게 하고

끝까지 가게 합니다.

비추어 보는 나의 참마음만이

나의 실상입니다.

이 마음을 얻기 위해서 많은 사람들이 수행을 합니다.

모든 것을 나의 참마음으로 비추어 보세요.

누구나 그 마음이 다 갖추어져 있지요.

그 마음으로 원수를 보고, 연인을 보고, 처자식을 보고

모든 존재를 보십시오.

그러면 모든 것을 받아들일 수 있게 됩니다.

우리는 오로지 이 육체가 '나' 라고 착각합니다.
이 육체는 껍데기이고, 도구에 불과하지요.
우리 안에는 이 육체를 부리는
영묘한 힘을 지닌 어떤 존재가 있습니다.

그물에 걸리지 않는 바람처럼

"세상이 비록 고통으로 가득하더라도
그것을 극복하는 힘도 가득합니다." (헬렌 켈러)

모든 고통은
지혜의 광명이고, 진리입니다.
피하면 안 됩니다.
밟고 지나가야 합니다.
고통이 심하면 심할수록
빠르게 가는 겁니다.
가슴으로 안고 가려니까 뒤로 밀리는 겁니다.
누가 나를 욕하고, 힘들게 하면

빨리 가라고 등 뒤에서 밀어 주는 거라고

긍정적으로 생각하세요.

어디에도 걸리지 않아야 합니다.

비난을 하든, 칭찬을 하든, 이익이 있든, 손해를 보든

절대로 걸리지 마세요.

'바람이 불면 부는 것이고, 죽으면 죽는 것이다.'

이렇게 생각하고 모든 두려움과 공포에서 벗어나세요.

이제까지 이 육체가 나인 줄 알고 살아 온

모든 삶은 다 *꿈꾸는* 것입니다.

육체의 마음은

항상 걱정과 두려움, 미움과 원망, 저주뿐입니다.

모든 것을 진여의 참마음으로 비추어 보는 사람은

모든 것이 다 이루어져서

내 앞에 다가오게 됩니다.

마음을 뚝뚝 잘라서 버리세요

인생을 사는 것처럼 사는 사람이 얼마나 될까요?

마음을 털어 버리면 다 이루어집니다.

배우자의 과거, 자식의 미래, 사기당한 돈

심지어는 옛날에 죽은 애인까지

모든 것을 가슴에 담고 살아가려니

가슴에 화가 치밀고 항상 불행한 것입니다.

지금 눈앞에 있는 것만 내 것입니다.

지난 것을 잡고 있는 것은

쓰레기를 쥐고 있는 것과 마찬가지입니다.

마음을 뚝뚝 잘라서

과감히 버릴 수 있어야 합니다.

좋은 일, 나쁜 일, 흥한 일, 망한 일 등

모든 일들을 마음 밖으로 밀어 내고, 털어 버려야

일도 풀리고 소원도 이루어집니다.

두 눈 뜨고, 두 발로 걷고

먹고 싶은 것 먹으면서 살고 있으면

다 가진 것입니다.

항상 감사한 마음으로

현재를 기쁘게 살아가십시오.

어떤 경우도

미움과 원망이 있으면

아무것도 이루어지지 않습니다.

남김없이 다 버려서

티끌만큼도 남은 마음이 없으면

그 때, 우주의 지혜가 들어옵니다.

모든 것을 참마음에 맡기세요.

오래 전에 어떤 부인이

남편 마음에 한 맺히게 한 적이 있다며

병으로 쓰러진 남편을 살려 달라며 저에게 왔습니다.

사업에 남다른 능력이 있었던 남편은

남들이 다 힘들어하던 IMF 때에도 승승장구했다고 합니다.

"보살님이 살려 주면 됩니다.

보살님은 남편에게 늘 잘못했다고 생각하면서

죄인처럼 살아가는 것이 양심적이고, 도리인 줄 아는데

사실은 그것이 오히려 남편을 망치게 하는 겁니다.

늘 더러운 걸레로 닦고 있으면서

그 걸레 때문에

바닥이 더러워지는 줄을 모르는 것과 같지요."

오히려 밝은 마음으로

남편에게 희망을 주고, 축복해 줘야 하는데

남편이 힘들어지면

자신은 더 자세를 낮추고

죄의식을 갖고 살았던 것이 안 좋게 된 것입니다.

현재 가진 것이 없다고 해도

늘 당당함이 있어야 합니다.

마음에 욕심이 많아서 다 쥐고 아파하는 겁니다.

근심하고 걱정하고 슬퍼하는 것은

너무 많이 쥐고 있기 때문에 그런 것입니다.

걱정할 수 있는 힘이 있는 사람은

아직 덜 고통스런 사람이지요.

고통이 심하면

걱정 자체가 너무 피곤해서

나중에는 아무 걱정도 안 하게 됩니다.

설사 아들이 사형수라도

"나는 네가 사랑스럽다. 네가 부처이니까."

라고 담대하게 받아들일 수 있어야 합니다.

없으면 없는 대로

있으면 있는 대로 복을 쌓으세요.

상대를 절대 지존으로 놓고

마음을 절대로 움직이지 않으면

다 이뤄지게 됩니다.

육체로는 서로 떨어져 있지만

영적으로는 한 생명, 한 자리에 있기 때문에

그대로 다 통하는 겁니다.

그래서 남편이든, 자식이든

절대 믿음이 흔들리면 힘들어지게 되는 것이지요.

흔들리는 사람이 힘들어지게 되는 것입니다.

육체적인 자기를

참마음에 늘 투영시켜

중생심을 걸러 낼 수 있어야 우리의 삶이

상락아정常樂我淨으로 나아갈 수 있습니다.

지난 것을 잡고 있는 것은 쓰레기를 쥐고 있는 것과 마찬가지입니다.
마음을 뚝뚝 잘라서 과감히 버릴 수 있어야 합니다.
좋은 일, 나쁜 일, 흥한 일, 망한 일 등
모든 일들을 마음 밖으로 밀어 내고, 털어 버려야
일도 풀리고 소원도 이루어집니다.

참마음, 나의 영원한 멘토

내 마음자리 그대로가 도량道場임을 알아야 하고

내 마음의 중심이

우주 일심이고, 참생명임을 결단코 믿어야

바른 신앙 생활을 할 수 있습니다.

참생명의 근원인 우주 일심이

나의 본래 마음입니다.

그 마음만이

나의 영원한 멘토이고, 복의 근원이며

지혜의 근원임을 믿고

마음에 새기십시오.

정법 신앙의 출발은

내가 어디서 무엇으로 태어나든

날 이끌어 주는 나의 영원한 참생명인 나의 혼魂이

내 안에서 나를 이끌어 가고 있음을 믿는 것입니다.

그 혼魂은

불성佛性이고 우주 일심입니다.

참자아, 묘명심, 나의 본성, 참생명, 본 성품……

이 책에서 여러 가지로 표현된 이 말들은 모두가

같은 대상에 대한 다른 표현일 뿐입니다.

살아서 극락 가세요.

살아서도 극락인 사람이

죽어서도 극락입니다.

모든 것은 지금 이 순간이에요.

내일 배부른 것은 없습니다.

지금 먹어야 되는 것이지요.

참마음에서 대 환희가 일어나는 것이 극락이고

육체적 마음에서 번뇌 망상으로 사는 것이 지옥입니다.

말로 원망하면 풀리지 않습니다.

마음의 쓰레기를 쌓아 두지 말고

밑으로 돌려서 빼 버려야 복이 되는 겁니다.

쓰레기를 잔뜩 내다 놓는 이웃이 있다면

그냥 말없이 치워 주고

거기다가 방향제라도 뿌려 주면 되듯이

나를 화나게 하고 부딪혀 오는 감정들을

참마음으로 비추어 내려놓고 내 복을 지으세요.

억지로 참는 것인지, 기쁘게 참는 것인지는

말 안 해도 상대는 다 알 수 있습니다.

일하고, 쉬고, 사랑하고, 공경하세요.

삼재三災를 두려워하지 마십시오.

내가 지은 것은 내가 받습니다.

세 가지 재앙이 온다는 것은

세 가지 복이 온다는 뜻이기도 하지요.

내가 지은 잘못은 진심으로 참회하고

특별히 마음먹고 복을 쌓으면 됩니다.

마음 법 하나 가지고 모든 것에서 초월해야 하고
어떤 말에도 흔들리면 안 됩니다.
진실한 참마음 하나만 쓰면
모든 것이 다 복입니다.

살아야 된다면
감사하고 기쁘게 생각해야 합니다.
그러면 물질의 축복과 인연을 걸어 줍니다.
지옥도, 극락도 한 생각, 한 마음에 있는 겁니다.
이 마음을 참마음으로 돌이켜 쓰면
지옥도 극락이 되는 겁니다.

긴 젓가락으로 먹어야 하는 음식이 있을 때
천당에서는 상대방의 입에다 서로 음식을 넣어 주니
즐겁게 먹을 수 있지만
지옥에서는 긴 젓가락으로 내 입에 넣으려니까
아무리 애를 써도 입으로 들어오는 것 없이
바닥으로 떨어져서 음식만 줄어드는 것입니다.

내가 잘 살려고 하면 망하게 되고,

남을 잘되게 하면 내가 잘되게 되는 법이지요.

남 잘되도록 도와 주면

내가 다 잘되게 되어 있습니다.

마음을 쓸 줄 모르면 그곳이 지옥입니다.

모든 인연을 지극히 사랑하고 공경하면

길을 열어 주지만

싸움을 하게 되면 잘되는 것도 망하게 하고,

오는 사람의 발길도 돌리게 만드는 겁니다.

이 한마음 깨끗이 쓰라는 말입니다.

상.락.아.정.

내 한마음이 항상 청정하고

내 안에 대환희심이 있으면

지금 있는 이곳이 천국이고, 극락입니다.

살아서 극락 가십시오.

250

당신이 다 가지세요

자녀가 비뚤어지고 있다는 것은

자식에 대한 욕심을 비우고 생각을 바꾸라는 것이고

남편이 바람을 피운다는 것은

네 길을 가라는 뜻이므로 마음을 쓰지 말아야 합니다.

하늘이 무너진듯, 넋 나간 사람처럼 있지 말고

좋은 옷 입고, 화장도 하고, 자신을 예쁘게 꾸미세요.

덕을 쌓으라고 보내진 사람이라고 생각하고

슬퍼하거나 분노하지 말아야 합니다.

그것이 지혜입니다.

남편이 오늘 밤 또 늦는다고 연락 오면

"그러세요. 많이 늦으면 주무시고 오세요." 하세요.

그렇다고 내 마음을 절대로 속이면 안 됩니다.

그렇게 말하고 속으로 욕하면 내일 또 늦게 옵니다.

절대로 분노하지 말아야 합니다.

내 운이 바뀌려면 모든 인연을 용서부터 해야 합니다.

우리가 이성과 감정으로 사는 것처럼 보여도

눈에 보이지 않는 영靈적인 전쟁을 하고 있는 것입니다.

뭐든지 조건 없이 하세요.

내 마음에 분심憤心을 다 없애고

'당신, 다 가지세요.'

하고 기도하듯 해야 합니다.

영생을 얻지 못한 우리에겐

전생 업식이 그대로 있습니다.

덕을 쌓아 주려고 온 인연인지

덕을 쌓으라고 온 인연인지

가까운 인연끼리는 정답을 빨리 알아야 합니다.

늘 편히 앉아서 받기만 하는 데도 행복한 사람은
전생의 복이니 덕을 쌓아 회향을 시켜 주면 됩니다.
빚 갚으러 온 자식은 부모가 아무리 잘못하더라도
뜻을 세워 부모에게 효도하는 법이지요.

인연의 빚은 돈만으로는 갚을 수 없습니다.
'난 믿어. 한 번 해 봐. 도와 줄게. 너 때문에 행복해.'
하고 반드시 말과 마음으로 진심을 다해야 합니다.

이렇게 진심으로 해서 빚이 없어지면 자식이 효도합니다.
빚을 갚으라는 것이지만
실제로는 덕을 쌓아 주라는 것이지요.

죽을 때에 영혼이 감사의 춤을 출 수 있도록
말과 마음으로 진심을 다해서 해원해야 합니다.
모든 것은 내가 얻는 것뿐입니다.
재산은 나갈 일이 있으면 나가는 것이니
원통할 것이 없습니다.
잃었다는 생각 자체가 환상이고, 망상입니다.

가족에게 진심으로 덕을 쌓으세요.

가족에게는 잘하고 남에게는 못하는 것은 이기주의자이고

가족에게 못하고 남에게 잘하는 것은 가식주의자입니다.

가족에게 정말 잘하고 밖에 나가서도 정말 잘하세요.

그래야 덕이 완성되는 것입니다.

아들딸에게 어떤 말을 해 주어야 덕을 쌓는 것인지를

알아야 합니다.

자녀와 충분히 대화하되 절대로 화나게 하지 마세요.

이해시키려 하지 말고 마음으로 대화하세요.

엄마가 형편이 안되는데 돈을 빌려 자식을 밀어 주면

10년 후 그 자식은 교도소에 가 있게 됩니다.

형편 그대로 해야지 억지로 해서는 안 됩니다.

여인은 지혜가 바다와 같아야 하고

남자는 뜻이 태산과 같아야 합니다.

자식을 사랑한다면 어리석게 기르지 마십시오.

자녀와 충분히 대화하되
절대로 화나게 하지 마세요.
이해시키려 하지 말고
마음으로 대화하세요.

습관이 도_道입니다

능력도 있고 똑똑한 어떤 청년은

마음에 걸림돌이 있는 것을 제거하지 못해서

인생 전체가 멈춰 있었습니다.

마음에 걸림돌, 철조망이 있으면

인생은 거기까지입니다.

어떤 부정적인 것이 자기를 짓누르고 있으면

그 사람의 인생은 더 이상 나아가지 못하는 겁니다.

자신의 마음을 보십시오.

겉은 화려해도 마음은 너덜너덜 엉망인 사람이 많지요.

절대 긍정적인 마음을 가져야 합니다.

부정적인 마음은 나를 밑으로 밀어 버리기 때문이지요.

우리의 본 마음은 지혜와 복덕이 구족되어 있습니다.

믿는 대로, 생각한 대로 이루어지지요.

자기 복만으로는 아무것도 이룰 수가 없음을 알아야 해요.

천지의 은혜, 부모의 은혜, 동포의 은혜, 진리의 은혜

모든 것이 은혜입니다.

그것이 없으면

'나'라는 것이 존재하지 않습니다.

'감사와 기쁨과 희망과 용기를 주세요.'

하고 늘 기도하세요.

기도하는데 이뤄지지 않는 것은

기도하는 힘이 약해서입니다.

마음 법이기 때문에 내가 원하지 않으면

이루어지지 않아요.

반드시 내가 구해야만 이루어집니다.

구하되 불평, 불신, 짜증이 있거나 믿지 않으면

아무리 원한다 해도 이뤄지지 않습니다.

간혹 기도하지 않아도 이루어지는 것은
나를 허공에 올려 떨어뜨리기 위한 것이지
이루어진 것이 아닙니다.

여러분 앞에 있는 사람이 미륵부처인 줄 알고
그 말씀에 항상 귀를 열어서
그 내용이 선하고 옳은 것이면 따르고
악하고 그른 것이면 버리면 됩니다.

이 세상은 아무리 지식이 많아도
영적 세계를 모르면 어리석은 것입니다.
스스로 자신을 정립시켜 놓지 못하면
다른 사람의 눈에 무능력해 보이는 겁니다.
참 자아가 정립되기만 하면
인생은 자기 것입니다.
우리 본마음의 힘이 얼마나 큰지를 알면
지혜로운 삶을 살 수 있습니다.
누구도 자신에게 무거운 짐을 지게 할 사람도 없고
내 짐을 대신 질 사람도 없음을 알아야 합니다.

258

습관이 도道입니다.

습관이 잘못되어 있으면 답이 안 나오거든요.

기도, 불사, 교화, 덕을 쌓는 일이 끊어지지 않아야 합니다.

여러분이 이 세상에 쉽게 태어난 듯 보여도

사람 몸 받고 태어난 것은 희유한 일입니다.

우리에겐 결정된 성품이 없기에

인과에 따라서 매번 윤회하고 바뀌게 됩니다.

금생에 윤회를 끊겠다는 각오로

보리심을 세우지 않으면 윤회를 피할 수 없게 되지요.

이 몸이 내가 아님을 알고

일체가 하나임을 알며

내가 영원불변하는 진리 자체임을 깨달을 때

육도윤회를 끊고 영생하는 것입니다.

늘 발심하십시오.

모든 사람들을 도와서 향상으로 이끌어 주겠다는

원을 가지고 선행을 해야 합니다.

이미 잃은 것은 잃은 것이요, 얻은 것은 얻은 것입니다.

뒤를 쳐다보면 인생을 거꾸로 사는 것입니다.

마음을 흔들지 마세요

많은 사람들이 불행하게 살고 있습니다.

원하는 대로 살지 못하는 사람, 자기 삶이 없는 사람은

행복하지 않은 것이지요.

마음속이 행복한 것이 선정禪定의 시작입니다.

내 삶을 살지 않거나 내 길을 가지 않으니

일념이 되지 않는 것입니다.

멈춰서 보고 마음을 흔들지 않아야 됩니다.

늘 행복하고 즐겁고 감사하는 마음이어야 하고

세상의 명확한 이치를 알아서

마음에 평정이 있어야지요.

들뜨거나 산란하지 않은 것이 초선정입니다.

더 깊은 통찰과 지혜에서 기쁨이 있는 상태가 2선정이고

더 기뻐져서 행복한 것이 3선정이며

늘 삶이 환희로운 것이 4선정입니다.

그 세계에서는 변하는 것이 없지요.

보통 사람들은 탐, 진, 치가 중심이어서

늘 마음이 흔들립니다.

우리 삶은 모든 것이 무상無常입니다.

사랑이고 돈이고 다 헛되고 헛된 것이지요.

참자아로서 일념이 될 때만

내 길을 갈 수 있는 것입니다.

남의 길이 아닌 내 길을 보아야 합니다.

내 삶을 살아가지 않고

다른 사람의 삶을 짊어지고 가면

인생 헛사는 것입니다.

모든 거짓된 마음을 버리고

진여 일심이 되어야 합니다.

행복할 아무런 조건이 없는데도 행복한 사람이

상락아정으로 사는 것입니다.

늘 여러분 가슴에 먹구름뿐이더라도

웃으면서 영으로 진리로 나아가야 합니다.

그러면 해탈의 길로 가게 되는 것입니다.

우담바라는

여러분 마음 속에서 피어나는 것이에요.

외부에서 찾기 시작하면 외도外道요,

마구니가 되는 것입니다.

자기 자신을 사랑하지 못하는 사람은

삶을 잘못 살고 인생을 거꾸로 사는 사람입니다.

자기 자신을 진정으로 사랑할 수 있으려면

참된 정법 신앙이 필요합니다.

신앙은 진정한 자아를 찾아서

절대 지존으로서

영원한 진리의 삶을 살아가게 하는 것이지요.

그렇기 때문에 신앙으로 완성되지 않은 사람은

어디서 와서 어디로 가는지도 모른 채 살다 보니

존재 자체의 근원적인 허무가 있기 마련이지요.

그래서 먹고사는 것이 충족되어도

"행복하냐?"는 질문에

'네'라고 답하기가 어려운 겁니다.

세속의 행복에 빠지지 말고 지나가세요.

완전한 행복은 오로지 진리로부터 오는 것입니다.

물질과 영은 같이 갑니다.

물질이 있으면 많이 베풀며 사세요.

많이 가지고도 베풀지 않으면

결국 가지고 있는 물질을 없어지게 만들지요.

진정한 부富는 돈을 벌어서 쌓아 두는 것이 아니라

번 돈으로 가치를 창출하는 것입니다.

남의 길이 아닌 내 길을 보아야 합니다.
내 삶을 살아가지 않고
다른 사람의 삶을 짊어지고 가면
인생 헛사는 것입니다.

마음을 열고 들으세요

껍데기로 들으면 여러분은 죽습니다.

오로지 나의 혼으로 들어야 합니다.

세상의 모든 흙탕물 같은 소리를

내가 참마음으로 듣는 순간에

청정수로 변하는 것입니다.

세상의 소리를 잘 듣는 사람은 지혜를 얻지만

필요한 소리만 잘 듣는 사람은

편협한 삶을 사는 것입니다.

우리가 탐욕과 음욕에 시달리는 이유는

육체의 귀로 듣기 때문이지요.

참마음으로 들어야 합니다.

귀를 막고 세상의 모든 소리를 들을 수 있을 때

그 모든 소리는

참생명의 깨달음의 소리로 들립니다.

이것이 참마음으로 듣는 것입니다.

깨달음의 가장 유익한 방법은

들어서 깨닫는 것입니다.

나를 비방하는 소리도

귀로 들으면 화나고 괴롭지만

나의 참마음 자리에서 들으면

나를 완전히 해탈시키는 위대한 반야선이지요.

항상 마음을 열고 들으세요.

네모는 세모나, 원이나, 오각형이나, 팔각형을

다 받아들일 수 있어야 합니다.

네모의 생각만 고집하며 네모만 받아들이면 안 됩니다.

세모의 생각으로 세모만 받아들이면

영원히 듣지 못합니다.

듣는 자는 지혜자요

듣지 않는 자는 무지자예요.

선한 말과 나에게 이롭고 달콤한 말만 듣는 자는

어리석은 자요

내게 쓰고 괴롭고 원치 않는 말을

듣는 자가 진정한 지혜자입니다.

사思는 무엇입니까?

생각은 분별하는 것이 아니에요.

오로지 자비심과 진리의 말씀을 생각하는 겁니다.

진리의 말씀을

내 골수에 새기고 또 새기는 겁니다.

상대가 욕을 했을 때

가슴 아프게 새기는 것이 아니라

감사하게 새기는 겁니다.

상대가 나를 비난했을 때도

그것을 새기고 또 새겨서

그 안에서 보배를 발견해야 하는 것입니다.

그것은 다이아몬드입니다.

수修는 무엇입니까?

수修는 내가 실천하는 것이지요.

여러분은 생각할 것 없습니다.

그대로 행하면

그것이 도道요, 해탈입니다.

여러분의 생각을 넣지 마세요.

세상의 사량 분별을 넣지 마세요.

마음을 자비심으로 열어 놓고

생고집으로 하지 말고 다 받아들이면서 행하세요.

나와 일체의 우주 만물은

철저하게 보이지 않는 영적, 정신적, 육체적 그물로

연결되어 있습니다.

나는 항상 진리를 생각하리라.

나는 항상 진리의 말씀을 생각하리라.

나는 참생명의 자비를 실천하리라.

대법은 절대 걸리지 않습니다.

대법은 모든 사람을 위하는 삶입니다.

내가 하는 말과 생각과 행동이

진실로 가정을 위하고, 자녀를 위하고

세상을 위하는 것이어야 하고

나의 행동은

세상의 고통받는 사람들에게

필요한 행동이어야만 합니다.

어디에도 걸림이 없는 마음으로

상락아정의 참마음이 우리에게 있습니다.

그 마음은 움직이지 않습니다.

그 마음을 쓰는 것이 보살입니다.

그 마음을 쓰지 않고

육체의 마음, 탐욕의 마음을 쓰는 것이

바로 중생입니다.

중생심은 선해도 선이 아니고

다른 사람한테 잘해도 덕이 되지 않아요.

아무리 희생하고 헌신해도 덕이 안 됩니다.

거기에는 바램이 있고, 조건이 있고

중생심으로는 아무리 잘해도
그것은 애욕이고, 애착이에요.
하는 자체는 좋지만
법을 알고 하는 것과 모르고 하는 것은 다른 겁니다.

이 마음을 쓸 때 내가 참마음을 쓰는지
중생심을 쓰는지 분간하라는 겁니다.
참마음은 나를 영원히 행복하게 하는 반면
중생심은 나를 화나고 짜증 나게 하고
자기는 가 버립니다.
참마음은 움직이지 않는 마음이에요.

움직이면 안 됩니다.
아들이 시험 못보았다고 움직이면 안 됩니다.
아이가 잘못해도 훈계를 해야지 짜증 내면 안 됩니다.
상대가 나를 멸시하고, 능멸해도
분노하면

여러분은 죽습니다.

마음이 움직이면 처음부터 다시 해야 합니다.

"고맙습니다. 감사합니다.

당신이 나를 힘들게 하니

나는 더 빨리 바라밀다 저 언덕에 가겠습니다.

당신이 나를 밀어 주는 사람이요."

라고 받아들이면

부동심을 쓰는 것입니다.

허공이 없어질 수 없는 것처럼

우리 금강 같은 참마음도 변하지 않는 것입니다.

내 마음이 청정하고 맑아

어디에도 걸림이 없는 것이

중도中道입니다.

어디에도 치우치지 않고

어디에도 편파되지 않고

어떤 시비에도 흔들리지 않는 마음

움직이지 않는 한마음이
바로 수행의 도량입니다.
흔들리지 않는 이 마음이
진짜 대웅전 법당인 것입니다.
다른 곳은 수행터가 아니고
내 마음의 허상일 뿐입니다.

참마음은 움직이지 않는 마음입니다.
움직이면 안 됩니다.
마음이 움직이면 처음부터 다시 해야 합니다.
허공이 없어질 수 없는 것처럼
우리 금강 같은 참마음도
변하지 않는 것입니다.

후회하며 살지 마세요

후회하며 살지 마세요.

내가 병들었든, 건강하든, 성공했든, 실패했든

그대로 감사할 일이 있고, 덕을 쌓을 일이 있고

크게 깨달을 일이 있는 것이지

맹목적으로 받아야 하는 과보는 없는 겁니다.

우리는 모든 것을 인연이라고 말하지요.

모든 것은 인연따라 생겨나고

연이 다하면 없어지는데

그것은 우리의 육체의 눈으로 보았을 때 그렇다는 겁니다.

우주 실상의 자리에서는

난 것도 없고, 없어진 것도 없는 것이지요.

우리는 우리 본마음이 어디 있는지 모르지요.

본마음이 어디에 있는지 아는 것을 '견성했다'고 합니다.

성품을 보았다는 것이지요.

성품이 마음입니다.

나의 성품을 보면 내가 마음자리를 안 것이지요.

불경에서는 마음자리를 두 가지 비유로 설명을 합니다.

첫째 비유는 무한대 순수 허공인데

거기에는 온갖 새들이 날아다니고, 비행기가 날아가고

태양계가 있고, 지구가 있고

혹성이 생겼다 없어져도

허공은 왔다갔다 안 하고

그대로 부동이지요.

그곳이 우리의 본래 마음자리입니다.

천하가 뒤집어져도 내 마음자리는

오고감이 없이 그대로 있다는 것이지요.

두 번째 비유는 여관인데

여행객은 매일 드나들어도

주인은 항상 그 집을 떠나지 않는 것처럼

그렇게 우리의 마음자리는

오고감이 없음을 비유합니다.

영원한 마음, 참마음, 진여 일심, 여래장, 본 성품, 본마음은

모두 같은 의미입니다.

그것을 인격적으로 말하면 법신불이에요.

영원한 참생명의 실상이 내 안에 계십니다.

내 안이라고 하는 것은

무한대 허공 전체를 가리키는 것입니다.

우리의 본래 마음은

오묘하고, 미묘하고, 깨끗하고, 밝고, 청정합니다.

그러니 우리가 눈으로 무엇을 보든

코로 무슨 냄새를 맡든

항상 맑고, 깨끗하고, 청정해야 하는 겁니다.

무엇을 보든지 우리는 사랑해야 하고

그 사람을 존중해야 하고, 섬기어야 합니다.

도道는 닦는 것이 아니고

마음을 쓰는 것입니다.

무엇을 하든

마음에 기쁨이 피어야 하지요.

우리는 항상

나에게 이익인지 손해인지 따져보고, 분별하기 때문에

그곳에서 생명력이 나오지 않고

헛된 지식과 헛된 사랑이 나오지요.

자식한테 잘하는 것도 헛된 집착이 되는 겁니다.

자식한테 물어보세요.

엄마는 자식을 사랑한 줄 알지만

자식은 엄마의 집착으로 인해 힘들어 할 수 있습니다.

달을 보고 사는 사람이 되라

여러분이 썩은 물고기로 존재하는지

산 물고기로서 생명력을 가진 믿음으로 살아가는지는

참마음에 의해 명쾌하게 구별됩니다.

내 마음자리를 모르고 하면 선도 선이 아니고

내 마음자리에서 하는 것은 악도 선입니다.

방편이기 때문이지요.

이 진여의 참마음을 모르면

다 주어도 욕심이고

이 생명을 다 던져도 욕심입니다.

거기에 대한 대가가 분명하지 않으면

허망하게 생각하기 때문입니다.

달을 본다는 것은 마음의 중심을 보고 간다는 의미입니다.

그러니 어떤 경우도 허망한 것이 없습니다.

일체가 다 진실한 것입니다.

내 모든 것을 다 잃어도 은혜요, 가피이고

내가 죽을 병이 걸린 것도 내 인생의 최대의 축복입니다.

내 원을 성취해서 중생을 제도하고

천하의 물질을 마음대로 써서 중생을 이롭게 하려면

우리가 달을 보는 원만한 신앙을 가져야 합니다.

머리로는 부처님 말씀을 줄줄 다 외우고 있지만

조금도 미워하는 마음이 떨어지지 않습니다.

조금도 탐심과 사심이 떨어지지 않습니다.

화를 참지 못하고

다른 사람을 섬기지 못합니다.

자기보다 부족하고, 약하고, 허물이 많은 사람을

끌어안지 못합니다.

자신의 본래 모습을 모른 채
더 행복해지려고만 애쓴다면
결코 행복해지지 않습니다.

진여 본성에서
'나는 항상 행복해.' 라고 결정하고
완전히 믿고서 행복한 삶을 위해 내가 만들어 가는 것이지
욕심으로 노력해서 행복해질 수 있는 것이 아닙니다.

우리의 본 마음자리에서는
이루어진 것을 이룰 뿐이지
이루기 위해서 노력하지 않습니다.
나에게 고통이 오면
내가 선하게 살아야 한다는 것으로 돌리면 됩니다.
그때부터 고통이 행복이 됩니다.
나에게 행복이 오면
그것을 이타적으로 다른 사람에게 복전이 되도록
그것을 회향하여 나누면 됩니다.

나에게 고통이 오면
내가 선하게 살아야 한다는 것으로 돌리면 됩니다.
그때부터 고통이 행복이 됩니다.
나에게 행복이 오면
다른 사람에게 복전이 되도록 회향하여 나누면 됩니다.

당신께 향기를 올립니다

당신이 지존입니다.

예불은

내가 당신께 진리의 향기를 올리는 것입니다.

계향戒香은 육체의 몸이 아닌 참자아로

덕을 쌓는 것입니다.

바른 행동, 바른 뜻, 바른 말로써

덕행을 부지런히 하여

그 향기를 당신께 올리는 것이지요.

당신이 뜻을 이루도록 꽃을 바치고

당신이 지혜롭도록 초를 바치고
당신이 맑고 향기롭도록 청수를 바치는 것입니다.

국화꽃의 향기는 근방을 벗어날 수 없고
난초의 향기도 방안을 벗어날 수 없지만
내가 참마음에서 길어 올리는 진리의 향기는
시간과 공간을 초월해서 조금도 흐려지지 않고
영생의 향기가 되는 것입니다.

내가 이 몸으로 무엇을 하는지를
나의 넋은 다 보고 다 듣고 있습니다.
마음에서 악행을 하면
점점 썩은 냄새가 나고
덕행을 하면
세상에 가장 아름다운 향기가 나는 겁니다.

정향은
편안하고 안정된 선정의 향기를 올리는 것이지요.
진여 일심으로 일념을 이루어서

항상 밝고 긍정적이고 자비로운 마음을 쓰는 겁니다.

항상 긍정적인 마음과 감사한 마음을 쓰는 겁니다.

이러한 마음을 자녀한테, 부모한테 늘 가지는 겁니다.

모든 일에 감사하는 그 향기는

시방세계의 광명의 구름이 되지만

마음에서 미워하고 원망하면

그 썩은 냄새가 천지를 진동하게 됩니다.

물질이 썩는 냄새는

시간이 지나면 없어지지만

분모와 원망으로 인해 마음이 썩는 냄새는

시방세계를 다 암흑으로 만들어 버립니다.

내가 마음 하나를 쓸 때마다

가장 향기로운 꽃을 상대에게 바치는 겁니다.

내가 바른 행동으로 세상을 이롭게 할 때

상대에게 거룩한 연꽃을 바치는 것이 되고

내가 바른 말을 할 때

상대에게 연꽃을 공양하는 것이지요.

마음의 꽃을 올리고, 등을 올리고
청수를 매순간 올리는 겁니다.
그것이 예불입니다.
우리가 마음을 쓸 때나 말을 할 때
다른 사람을 사랑하는 마음으로
진실한 말을 했을 때
그 사랑의 말은
상대에게 올리는 연꽃이 되는 겁니다.

입에서 나가는 말이 향기이고
우리 생각이 향기입니다.
마음 쓰는 것이 향기입니다.
사랑에는 향기가 있고
미움에는 냄새가 있습니다.
자비에는 향기가 있고
분노에는 냄새가 있습니다.
용서에는 향기가 있고
복수에는 냄새가 있습니다.

정향은 늘 일심을 쓰는 것입니다.

내 앞에 있는 사람한테 내 참마음을 쓰는 겁니다.

이타심, 진여 일심을 써서 상대를 사랑하는 겁니다.

당신 행복하세요.

당신은 할 수 있습니다.

당신 건강하세요.

당신 소원 이루세요.

당신이 끝까지 잘 되도록 기도하겠습니다.

사랑하겠습니다.

믿습니다.

이런 말을 해 주면

성불할 때까지 그 향기가 지속되는 겁니다.

우리의 생각 하나 하나가

우담바라 꽃이라고 생각하고

마음을 쓰고 말을 해야 하는 겁니다.

이 모든 것이 상대에게 바쳐지는 것입니다.

내 앞에 있는 그 사람이 부처이니까요.

288

인과를 여실하게 아는 것이

지혜의 근본입니다.

이 세상 모든 일은

내가 심지 않은 일은 내 앞에 오지 않고

내 앞에 온 일은

내가 심은 일이기 때문에 거두면 됩니다.

내 앞에서 일어나는 모든 것을

절대 긍정적으로 생각해야 합니다.

내가 오늘 사고로 불구가 되었다면

재수없는 일도 아니고 죄가 많은 것도 아닌

감사한 일로 받아들여야 합니다.

이것이 지혜의 근원이고 지혜의 향기입니다.

우리는 몸과 마음과 지혜로

늘 덕을 쌓아 진리의 향기를 올려야 합니다.

몸으로 예불을 하고

마음으로 예불을 하며

지혜로 예불을 하는 겁니다.

이렇게 했을 때 이 세상의 모든 삶은
걸림 없는 삶이 되는 것이지요.
그것이 해탈향입니다.

여러분이 한 마디 한 마디 할 때마다
진심으로 상대에게 향기를 바친다는 생각으로
말하고, 행동하고, 지혜로 분별해서
다섯 가지 진리의 향기를 끊임없이 내뿜음으로써
작게는 내 가정의 행복에, 크게는 사회와 국가의 행복에
더 넓게는 인류의 행복에 기여함을 명심하세요.

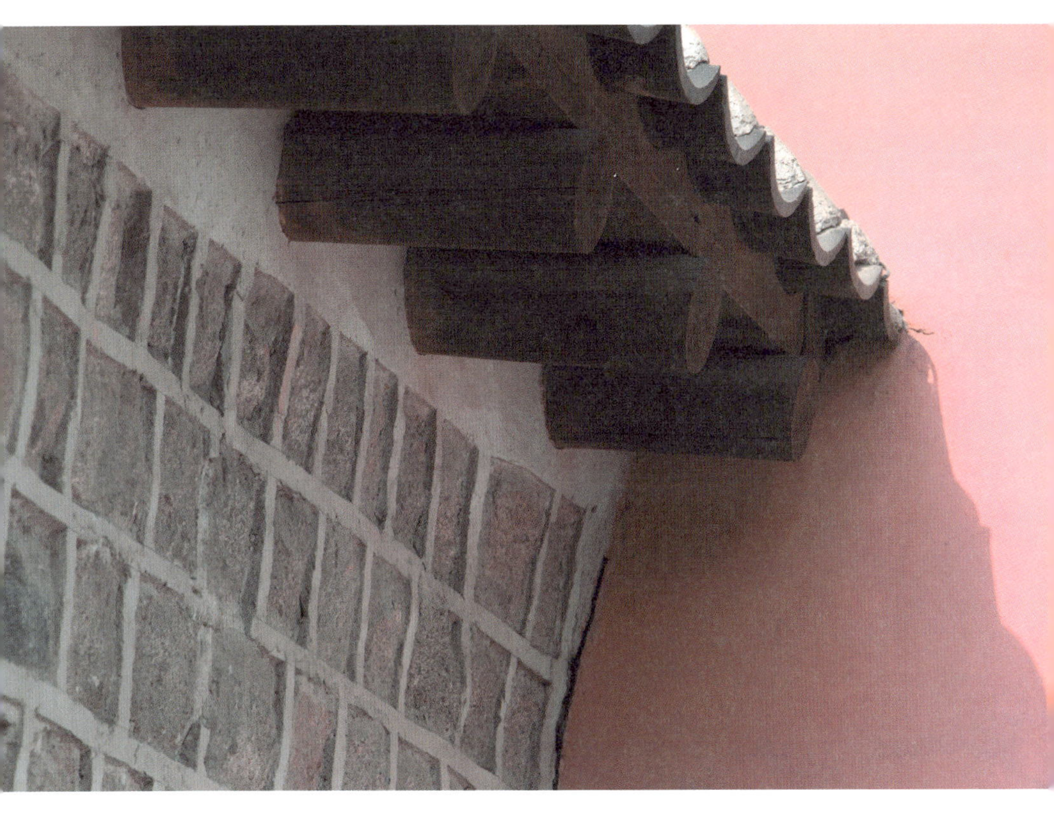

물질이 썩는 냄새는
시간이 지나면 없어지지만
분노와 원망으로 인해 마음이 썩는 냄새는
세상을 암흑으로 만들어 버립니다.

날마다 기도하라

기도는

첫째, 내가 원하는 것이 진실한 것이어야 하고

내 영육으로 간절한 것이어야 하며

내 마음에서 분노, 미움, 원망, 짜증이 전혀 없어야 합니다.

둘째, 마음에 평화와 평정과 청정이 있어야 하고

이성과 감정으로는 불화가 없어지지 않기에

혼을 바쳐야 합니다.

셋째, 내가 구하고 원하는 것이 나만을 위하는 것이 아니고

타인과 세상에 이익과 평화와 안락을 주는 것이어야 합니다.

기도는

이 세 가지 조건이 맞아 떨어질 때

비로소 구하는 대로 이루어집니다.

내가 진실하면 화나는 일이 너무 많고

내가 화를 안 내면

거짓된 경우가 너무 많으며

내가 화도 안 나고 진실하면

대부분 나만을 위한 기도인 것이 대부분입니다.

대부분은 이 세 가지 중에 하나가 안 맞아서

기도가 이루어지지 않지요.

그러니 이것을 잘 보고 기도하세요.

열심히 기도를 하는데 안 된다고 하는 이유는

안 되게 기도를 하기 때문입니다.

기도를 한다는 것은

내 생각, 내 마음으로는 안되는 일을

오로지 우주 일심으로

내 안의 혼을 불태워 이룬다는 뜻이기에

우리의 생각을 쉴 필요가 없습니다.
기도 중에 근심하고, 걱정하고, 두려워하면
기도는 이루어지지 않지요.
기도를 한다는 것은
일체의 걱정과 근심을 다 끊는 것입니다.

내가 엎드려 기도해서 이루어지는 모든 것은
반드시 내가 무릎을 꿇고
상대를 지극하게 공경 공양해서
받들어서 바치는 겁니다.
여러분이 상대하고 있는 사람을
섬기고 공경하는 것이 결국 기도인 셈입니다.
그러니 내 앞에 있는 사람한테
덕을 쌓고 다 바치라는 겁니다.
내 앞에 있는 사람이 하는 말이 법문입니다.
진심으로 받들어서 섬기는 마음이 아닌 것은
공덕이 되지 않아요.
대부분 나를 자랑하고 나를 높이기 위한 것과
남의 이목 때문에 마지못해 한 것이지

받들어 섬기는 경우는 드물지요.

진정으로 기쁨으로 환희심으로

정말 감사한 마음으로 한 것만 공덕이 됩니다.

아무리 가족이라도 맨날 얼굴 대하고 살면서도

일생동안 제대로 덕 한 번 쌓기가 힘듭니다.

불교의 가르침은 다 이루어서 남 주는 것입니다.

배워서 남 주고 돈 벌어서 남 주고

성공해서 남 주는 것이 불교의 가르침입니다.

여러분은 남 줄 거면 안 한다고 하지요.

이 세상에서 열심히 하는 모든 것은

오로지 남 주기 위한 것입니다.

남 줄 수 없으면 나는 덕을 쌓을 수 없지요.

희생하라, 헌신하라는 뜻이 아닙니다.

일상에서 그냥 숨 쉬는 것처럼 덕을 쌓는 것이지

희생도 헌신도 봉사도 아닙니다.

내가 무슨 희생했다, 헌신했다

이런 말 자체가 거꾸로 가는 겁니다.

그것은 나를 높이겠다는 것이고

그것을 통해서 나의 이익을 얻겠다는 것입니다.

예불이란 이렇게

모든 인연에게 늘 덕을 쌓는 것입니다.

이 세상은 내가 먼저 베풀지 않으면 답이 없습니다.
인덕이 없는 사람은 세상을 거꾸로 사는 사람입니다.
다른 사람의 말을 잘 들어 주는 것도 보시이고,
기쁨과 슬픔을 함께해 주는 것도 보시이며,
같이 밥 먹어 주는 것도 보시입니다.

베품의 道, 이끌어 감의 道

사무량심慈·悲·喜·捨과 사섭법布施·愛語·利行·同事은

우리에게 가장 필요한 마음가짐입니다.

섭攝이란 것은 다 받아들이는 것이고

무량심은 마음을 무량하게 쓰는 것이지요.

사랑이 자慈입니다.

사랑을 둘로 나누면

하나는 예뻐서 사랑하는 것이고

하나는 불쌍해서 사랑하는 겁니다.

자식이 공부 안 하고 속 썩이면

내가 낳은 자식이니 미워할 수 없어
사랑은 하는데 불쌍하지요.
그렇지만 사랑은 하는 겁니다.
그 마음이 비심입니다.

자慈는 무엇이든 기르는 마음입니다.
생명을 기르고, 성장시키지요.
뭐든지 사랑이 없으면 다 무의미한 일인데
오로지 사랑이 있음으로 인해서
무엇이든 아름다운 것입니다.
비심은 불쌍히 여기는 마음이지요.
굶주리고 헐벗고 병든 사람들의 고통을
불쌍히 여기는 마음입니다.
궁극적으로 우리는 일체의 삶에서
자비심을 발하는 것이
최고의 마음을 발하는 것입니다.

희심은 즐거운 마음인데
모든 사람이 잘되는 것을

나의 일과 같이 함께 기뻐해 주는 마음입니다.

사촌이 땅을 사면

내 마음은 기뻐서 춤을 추는 것이고

다른 사람이 잘 되었다는 소리를 들으면

진심으로 기쁜 마음이 생기는 것이 희심입니다.

사심은 마음의 평정인 상태를 말하는 겁니다.

내 마음에서 일어나는

모든 이익과 손해, 칭찬과 비방, 명예와 불명예에

마음이 초연해 있는 상태입니다.

우리는 이익되는 일에는 목숨을 걸고

손해다 싶으면 고개를 돌리게 되지요.

행과 불행에 마음을 조금도 흔들리지 않고

여여한 마음으로 세상을 사랑하고 불쌍히 여기고

기뻐하는 것입니다.

그것이 자비 희사의 마음 씀입니다.

가깝게는 가족으로부터 멀게는 원수에 이르기까지

이 네 가지 마음을 항상 쓰라는 것입니다.

사무량심은 이런 마음을 내가 씀으로써

무량한 공덕을 쌓는 것입니다.

보통 사람들은 타인을 잘 사랑하지 않지요.

그리고 친척이나 친한 친구나 동료의 일 외에는

남의 일에 별 관심도 가지지 않습니다.

자·비·희·사는 이타심의 정점에 있는 마음입니다.

사무량심이

세상을 위해서 마음을 써 나가는 것이라면

사섭법四攝法은 내가 받아들이는 자세입니다.

보시를 통해서 세상을 끌어안는 것입니다.

섭이란 것은 베풀어서 이끌어가는 것이지요.

아무리 부모라고 해도 아들한테 함부로 욕하고

윽박지르면 속으로는 원한과 증오를 품게 되지요.

'우리 아들 사랑해. 뭐 먹고 싶어?'

'우리 아들 보면, 엄마는 왜, 이렇게 행복할까?'

그러면 아들은 엄마의 뜻을 따르게 됩니다.

무엇이든지 베풀어 주고 이끌어 가는 것이 섭입니다.

마음을 덕스럽게 베풀어서 진리의 길

사랑의 길로 이끌어 가는 것이지요.

이 세상은 내가 먼저 베풀지 않으면 답이 없습니다.

인덕이 없는 사람은 세상을 거꾸로 사는 사람이지요.

다른 사람의 말을 들어 주는 것도

보시이고

기쁨과 슬픔을 함께해 주는 것도 보시이며

같이 밥 먹어 주는 것도 보시입니다.

삶 자체는 보시로 연결되어 있지요.

국가가 나를 위해 베풀든지, 내가 국가를 위해 베풀든지

구성원 상호간의 보시에 의해

이 사회가 존재하는 겁니다.

항상 세상은 나에게 보시를 하고 있음을 알아야 해요.

보시는 베풀어서 이끈다는 의미입니다.

내가 베풀지 않으면 아무도 따라오지 않아요.

내가 누군가에게 베풀어 주어

그 사람 마음을 열게 하여

효도하게 한다든지

포기하지 않고

열심히 노력하게 하는 것이 보시섭입니다.

애어는 사랑하는 말, 부드러운 말

격려하는 말로 그 사람을 이끌어 주는 것입니다.

상대의 비위를 맞추는 것이 아니라

진심과 애정 어린 말을 통해서

그 사람을 지혜로 나아가게 하는 것이 애어섭입니다.

항상 다정한 말과 온화하고 겸손한 태도로 존중하면

상대도 나를 신뢰하고 공경하게 되지요.

그러면서 그 사람을 사랑의 길, 진리의 길로 나아가게 하고

세상을 열심히 살아가도록 하는 것이 애어섭입니다.

이행은 그 사람한테 도움되도록 이끌어 줌입니다.

병이 낫도록, 행복하도록, 성불하도록
그 사람이 이익되는 일을 부지런히 하는 겁니다.

동사同事는
항상 그 사람 입장이 되고, 그 사람의 위치가 되고
그 사람의 마음이 되는 겁니다.

아이가 잘못했을 때 그 일을 꾸중하는 일은
나중의 일이어야 합니다.
먼저 그 아이를 안고 부드러운 말을 해 주고
이 아이한테 어떤 도움을 주어서
비뚤어진 인성을 바로 세울 것인가를 생각해야 합니다.

'이 아이가 도대체 왜 이렇게 했나?'
'집에서 부모가 어떻게 했길래 이런가?'
'가정환경의 문제는 없는가?'
이렇게 접근해야 하는데 화부터 내고
'이자식, 저자식' 험하게 말하고 매질까지 하게 되면
아이는 바로 증오심을 갖게 됩니다.

동사라는 것은

유치원 아이를 제도해야 하면

그 아이의 마음이 되어 주고 그 입장이 되어 주는 겁니다.

도둑질 할 수밖에 없었던 이유를 앎으로 해서

나는 보살로서 연민과 동정과 자비심을 갖게 되는 겁니다.

잘못에 대한 체벌은 누구나 할 수 있지요.

그것을 이해하고 그 사람의 마음을 돌려 내는 것은

이런 사섭법에 의해서 이끌어 갈 수 있는 겁니다.

사람을 진리의 길로 이끌어 가는 도리인 셈이지요.

사무량심과 사섭법은

사랑과 이끌어 감의 양 날개입니다.

사무량심은 베풂의 도이고

사섭법은 이끌어 감의 도입니다.

결국은 베풂도, 이끌어 감도 둘이 아닌 하나입니다.

이러한 마음 씀으로 인해서

궁극적으로는 도를 이루고

완성된 인격체로서의 삶을 살아가게 되는 것입니다.

편집 후기

'수차례 떨어지긴 했지만
거미는 마침내 집을 짓고, 개미가 산을 기어올랐으며
거북이는 사막을 건넜습니다.'

덕일 스님의 두 번째 법문집 ≪길 없는 곳에서≫를 엮으면서
'우리 내면의 힘이 얼마나 위대한가?' 라는 관점에서
헬렌켈러의 일생을 담은 영화 〈Black〉을 떠올렸습니다.

아무것도 보이거나 들리지 않고
말도 할 수 없는 암흑의 세상을 살아야 했던 장애인 미셸이
오로지 스승님의 손끝을 통해
단어를 배우고, 문장을 배우고, 지식을 습득해 가면서

40년 동안 수많은 실패를 거듭하다가
마침내 정규 대학을 졸업하고 홀로서기를 하였지요.

여전히 육신으로는 볼 수도, 들을 수도 없는 어둠 속이지만
그녀는 내면의 혼불을 들어 올려
모든 불가능한 것을 성취함으로써
어둠에서 진리의 대광명으로 나아간 것입니다.
장애를 극복한 그녀와 헌신적인 스승님의 모습은
참으로 거룩했습니다.

건강한 육신을 가졌음에도
참자아를 보거나 듣지 못하는 대부분의 사람들

영적으로 보면 어둠속 세상을 살기는
마찬가지가 아닌가 생각됩니다.

헬렌켈러가 엄청난 장애를 극복하고
5개 국어에 능통했을 뿐만 아니라
사회 운동가로도 많은 활약을 했다는 점은
우리의 내면에 잠재된 힘이
얼마나 위대한지를 여실히 깨닫게 합니다.

우리가 정신적 어두움에서 벗어나기 위해서는
신앙심이 있든 없든 내 마음 바닥에 잠들어 있는
나의 참마음(혼)을 일으켜 세워 마주보아야 합니다.

일상의 삶 속에서 일어나는 생각들이

이기적이고 집착된 망상임을 알고

그 마음을 버리고 또 버려서

마음 바닥마저 뻥 뚫어진 우주 일심을 이루어야 할 것입니다.

삶의 모든 문제를 우리의 참마음으로 받아들일 수 있을 때

우리는 삶의 어떠한 문제에도 걸림이 없는

대자유인으로서 모든 것을 다 이룰 수 있을 것입니다.

덕일 스님의 '인생의 모든 길은 내 안에 있다.'라는 말씀은

인간 존엄성의 고취이고, 우주 의식인 것입니다.

비록 더디어도 언젠가는 그러하리라 믿고 나아가는 것이

신앙이고 수행이 아닌가 합니다.

이 生에서의 존재 이유

참자아를 깨닫고 그 사명을 다하는 것이라고 생각합니다.

돌아보면 모든 것이 축복이고 감사함입니다.

이 책은

복잡하고 어려운 인생 문제를 안고 살아가는 사람들이

길 없는 곳에서 길을 찾는 데

꼭 필요한 네비게이션이 되어 줄 것이라고 확신합니다.

모든 사람들을 영적 깨달음으로 이끌어 주시고자

전법과 포교에 전념하시는

덕일 스님과 우주 법계에 무한한 감사를 올립니다.

2013년 4월

엮은이 윤선아 합장

··· 덕일스님 법회 방송 시청 안내

구분	방송 시청 방법
금강경 생활법문 (종영)	BTN 불교 TV 인터넷 홈페이지 들어가서 검색창에 덕일스님 입력하면 〈덕일스님 금강경 생활법문〉 1~24강 다시보기 가능해요.
법화경 특별법문 (종영)	BTN 불교TV 인터넷 홈페이지 들어가서 검색창에 덕일스님 입력하면 〈덕일스님 법화경 특별법문〉 1~24강 다시보기 가능해요.
능엄경 특별법문 (종영)	BTN 불교TV 인터넷 홈페이지 들어가서 검색창에 덕일스님 입력하면 〈덕일스님 능엄경 특별법문〉 1~26강 다시보기 가능해요.
참된 신행생활을 위한 불교 경전 (방영중)	〈 BTN 불교TV 방송 시간 〉 • 매주 월요일 밤 11시 • 매주 수요일 오전 8시 30분 • 매주 목요일 오후 5시
덕일스님 신행 카페	http://cafe.daum.net/tntjswjd 다음 카페 : 〈 완전한 기쁨 〉 스님 법문, 법회 일정 상세 안내

다음카페 | cafe.daum.net/tntjswjd(완전한 기쁨)
페이스북 | www.facebook.com/buddha2341